Verbtabellen
RUSSISCH

von
Renate und Nikolai Babiel

Ergänzungen und Übungen von
Alexandra Berlina

PONS GmbH
Stuttgart

PONS
Verbtabellen
RUSSISCH

von
Renate und Nikolai Babiel

Ergänzungen und Übungen von
Alexandra Berlina

4

Auflage A1 5 4 3 2 / 2018 2017 2016 2015

© PONS GmbH, Rotebühlstraße 77, 70178 Stuttgart, 2013
www.pons.de
E-Mail: info@pons.de
Alle Rechte vorbehalten.

Redaktion: Arkadiusz Wróbel
Logoentwurf: Erwin Poell, Heidelberg
Logoüberarbeitung: Sabine Redlin, Ludwigsburg
Titelfoto: Vlado Golub, Stuttgart
Einbandgestaltung: Tanja Haller, Petra Schnur, Stuttgart
Layout/Satz: Fotosatz Kaufmann, Stuttgart
Druck und Bindung: Appel und Klinger Druck & Medien GmbH, Schneckenlohe

Printed in EU.
ISBN: 978-3-12- 561876-3

Inhalt

Verwendete Abkürzungen

adj	hauptsächlich als Adjektiv verwendet
AP	Adverbialpartizip
best	bestimmt
etw	etwas
itr	intransitiv
P	Partizip
tr	transitiv
umg	umgangssprachlich
unbest	unbestimmt

So benutzen Sie dieses Buch

Sie wollen die Konjugation der häufigsten russischen Verben erlernen oder wiederholen und sich einen umfassenden Überblick über die von einem Verb abgeleiteten Formen verschaffen. Dabei möchten Sie auf Besonderheiten und Unregelmäßigkeiten aufmerksam gemacht werden.

In den PONS Verbtabellen Russisch werden alle wichtigen Verbformen am Beispiel von 215 Musterverben dargestellt. In der alphabetischen Verbliste am Ende des Buches werden weitere 800 Verben aufgeführt und mit Nummern versehen, die auf die Musterkonjugation verweisen.

Die Konjugationsmuster zeigen Ihnen alle tatsächlich verwendeten Formen auf einen Blick – auf seltene Alternativbildungen wurde zwecks besserer Verständlichkeit verzichtet. Zusätzlich ist zu jedem Verb der Aspektpartner angegeben.

Aufbau der Konjugationstabellen

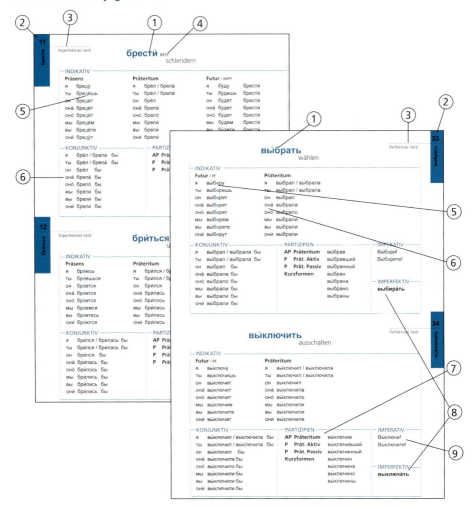

4

(1) **Verb mit Übersetzung:** Übersetzungen von sinnverwandten Bedeutungen werden durch ein Komma, starke Bedeutungsdifferenzierungen durch ein Semikolon getrennt. Sollten unterschiedliche Bedeutungen ihre spezifischen Aspektpartner haben, so sind diese durch Zahlen gekennzeichnet.

(2) **Verbnummer:** Mit Hilfe dieser Nummer lassen sich alle Verben aus der alphabetischen Verbliste einer Musterkonjugation zuordnen.

(3) **Aspekt:** Weist darauf hin, zu welchem der beiden russischen Verbalaspekten das Verb gehört:

> perfektiver (vollendeter) Aspekt
>
> imperfektiver (unvollendeter) Aspekt

(4) **Bewegungsart:** Bei den Verben der Fortbewegung ist angegeben, ob das jeweilige Verb eine zielgerichtete oder nicht zielgerichtete Bewegung zum Ausdruck bringt:

> zielgerichtete Bewegung: bestimmtes Verb (best)
>
> nicht zielgerichtete Bewegung: unbestimmtes Verb (unbest)

(5) **Farbliche Hervorhebung:** Alle Formen, die vom Infinitiv abweichen, sind grün hervorgehoben.

(6) **Angabe aller Genusformen:** In allen Zeiten ist in der 3. Person Singular stets die maskuline, die feminine und die neutrale Form (он, онс, онт) angeführt. Im Präteritum und Konjunktiv ist in der 1. und 2. Person Singular zusätzlich zur maskulinen die feminine Form angegeben.

(7) **Partizipien einschließlich Kurzformen:** Perfektive und imperfektive Verben bilden Partizipien unterschiedlicher Zeit- und Modusformen. Die vom Partizip Präteritum Passiv abgeleiteten Kurzformen sind in allen drei Genusformen sowie im Plural angegeben. Mit adj markierte Partizipien im Präteritum Passiv werden hauptsächlich als Adjektive verwendet und schreiben sich mit einem н.

(8) **Aspektpartner:** Hier finden Sie die wichtigsten Aspektpartner. Handelt es sich beim Aspektpartner um ein in diesem Buch enthaltenes Verb, wird direkt auf die entsprechende Verbnummer verwiesen. Die Trennung durch Komma, Semikolon bzw. Zahlen wie in Punkt 1.

(9) **Imperativformen:** Sie werden sowohl im Singular als auch im Plural angegeben.

Möchten Sie gezielt ein Verb nachschlagen, führt Sie die **alphabetische Verbliste** im Anhang schnell zur richtigen Stelle. Bei Verben, deren Rektion für deutschsprachige Russischlernende besonders schwierig ist, finden Sie zudem Hinweise, in welchem Fall das Substantiv stehen muss. So werden die **PONS Verbtabellen Russisch** zu Ihrem wertvollen Begleiter beim Erlernen der russischen Sprache.

Übrigens: Die Seiten 7–10 bieten Ihnen zusätzlich einige allgemeine Faustregeln zur Unterscheidung und Bildung von Aspektformen sowie zu den Verben der Fortbewegung.

Grammatikbegriffe in der Übersicht

Russisch	Lateinische Bezeichnung	Deutsch
имя прилагательное	Adjektiv	Eigenschaftswort
деепричастие	Adverbialpartizip	
женского рода	feminin	weiblich
будущее время	Futur	Zukunft
род	Genus	Geschlecht
повелительное наклонение	Imperativ	Befehlsform
несовершенный (вид)	imperfektiv (Aspekt)	unvollendet (Aspekt)
изъявительное наклонение	Indikativ	Wirklichkeitsform
неопределенная форма глагола	Infinitiv	Grundform des Zeitworts
непереходный (глагол)	intransitiv	nicht mit Akkusativobjekt verwendbar
спряжение	Konjugation	Beugung des Zeitworts
условное наклонение	Konjunktiv	Möglichkeitsform
мужского рода	maskulin	männlich
наклонение	Modus	Aussageweise
среднего рода	neutral	sächlich
причастие	Partizip	Mittelwort
совершенный (вид)	perfektiv (Aspekt)	vollendet (Aspekt)
множественное число	Plural	Mehrzahl
настоящее время	Präsens	Gegenwart
прошедшее время	Präteritum	unvollendete Vergangenheit
управление	Rektion	Rektion
единственное число	Singular	Einzahl
имя существительное	Substantiv	Hauptwort
время глагола	Tempus	Zeitform
переходный (глагол)	transitiv	mit Akkusativobjekt verwendbar
глагол	Verb	Zeitwort
глагол определённого движения	determiniertes Verb	bestimmtes Verb
глагол неопределённого движения	indeterminiertes Verb	unbestimmtes Verb

Wissenswertes zur Konjugation der russischen Verben

Aspekte im Russischen

Die scheinbare Undifferentziertheit des russischen Verbalsystems wird ausgeglichen durch eine Besonderheit des Russischen: die Aspekte. Fast jedes russische Verb tritt in zwei verschiedenen Formen auf: dem perfektiven (vollendeten) und dem imperfektiven (unvollendeten) Aspekt. Das bedeutet, dass einem deutschen Verb wie z. B. „sehen" zwei russische Verben entsprechen: ви́деть (imperfektiv) und уви́деть (perfektiv). Die Anwendung dieser beiden verschiedenen Formen ist situationsabhängig und die Kunst besteht darin, in der jeweiligen Situation den richtigen Aspekt auszuwählen, denn leider sind die beiden Formen in den seltensten Fällen gleichermaßen verwendbar.

Das Aspektsystem birgt eine Fülle von differenzierten Ausdrucksmöglichkeiten für die verschiedensten Sachverhalte in sich. Grob unterschieden werden die Aspekte durch folgende Unterteilung:

- Der imperfektive Aspekt bezeichnet eine nicht abgeschlossene Handlung in ihrem Ablauf, in ihrer Dauer oder ihrer Wiederholung sowie eine ständige Eigenschaft, einen Zustand des Subjekts. Mit den folgenden Adverbialbestimmungen steht in der Regel der imperfektive Aspekt:

ка́ждый день	обы́чно	еженеде́льно
ка́ждый год	ча́сто	це́лыми дня́ми
ка́ждый час	всегда́	всё лу́чше и лу́чше
ка́ждую мину́ту	ежедне́вно	

  Der imperfektive Aspekt bildet alle drei Zeitstufen: Präsens, Präteritum und Futur.

- Der perfektive Aspekt bezeichnet eine abgeschlossene, zeitlich begrenzte Handlung, unabhängig davon, ob es sich um ihren Beginn oder ihren Abschluss handelt, eine einmalige Handlung, die ein bestimmtes Ergebnis hat. Mit folgenden Adverbialbestimmungen steht in der Regel der perfektive Aspekt:

вдруг	внеза́пно	впервы́е	в одну́ мину́ту
неожи́данно	случа́йно	момента́льно	сейча́с же

  Der perfektive Aspekt bildet nur Präteritum und Futur, eine gegenwärtige Handlung kann durch ihn nicht zum Ausdruck gebracht werden.

Bildung der Aspekte

- Die meisten Verben ohne Präfigierung gehören dem imperfektiven Aspekt an. Durch Voranstellung eines Präfix werden diese Verben perfektiv, gleichzeitig tritt häufig eine Bedeutungsveränderung ein:

imperfektiver Aspekt	perfektiver Aspekt	Deutsch:
кури́ть – rauchen	вы́курить	zu Ende rauchen
	закури́ть	sich eine Zigarette anzünden
	накури́ть	voll qualmen

перекури́ть	eine Rauchpause einlegen
покури́ть	eine gewisse Zeit mit Rauchen verbringen
прикури́ть	sich an der Zigarette eines anderen eine Zigarette anzünden

- Es gibt auch Verben, die keinen Aspektpartner haben, z. B. находи́ться, impf. (sich befinden), состоя́ться, pf. (stattfinden).

- Von den durch Präfix gebildeten perfektiven Verben wird in der Regel durch Einschub der Suffixe **-ыва-**, **-ва-** und **-ива-** der imperfektive Aspektpartner gleicher Bedeutung gebildet:

perfektiver Aspekt	imperfektiver Aspekt
вы́курить	выку́ривать
закури́ть	заку́ривать
накури́ть	наку́ривать
перекури́ть	переку́ривать
покури́ть	поку́ривать
прикури́ть	прику́ривать

- Manche imperfektiven Aspektpartner werden von perfektiven Formen auf **-ить** durch Vokalwechsel zu **-ать**, **-ять** gebildet, z.B.:

perfektiver Aspekt	imperfektiver Aspekt	Deutsch
получи́ть	получа́ть	bekommen
бро́сить	броса́ть	werfen
замени́ть	заменя́ть	ersetzen

- Einige Aspektpaare gehören zwei verschiedenen Wortstämmen an, z. B.:

perfektiver Aspekt	imperfektiver Aspekt	Deutsch
взять	брать	nehmen
положи́ть	класть	legen
сказа́ть	говори́ть	sprechen
сесть	сади́ться	sich setzen
лечь	ложи́ться	sich legen

Verben der Fortbewegung

Anders als im Deutschen unterscheidet man im Russischen bei Verben der Fortbewegung wie z. B. „gehen", „fahren", „schwimmen" zwischen einer zielgerichteten und einer nicht zielgerichteten Bewegung. Jede Fortbewegung kann durch unbestimmte Verben als nicht zielgerichtet oder durch bestimmte Verben als zielgerichtet wiedergegeben werden. Sowohl die bestimmte als auch die unbestimmte Form gehören dem imperfektiven Aspekt an. Da diese Unterscheidung im Deutschen nicht getroffen wird, entspricht einem deutschen Verb ein russisches Verbpaar. Es handelt sich um folgende vierzehn Verbpaare:

Bestimmte Bewegung	Unbestimmte Bewegung	Deutsch
бежа́ть	бе́гать	laufen, rennen
брести́	броди́ть	schlendern
везти́	вози́ть	fahrend transportieren
вести́	води́ть	führen
гнать	гоня́ть	treiben, jagen
е́хать	е́здить	fahren
идти́	ходи́ть	gehen
кати́ть	ката́ть	wälzen, rollen
лезть	ла́зить	klettern
лете́ть	лета́ть	fliegen
нести́	носи́ть	tragen
плыть	пла́вать	schwimmen
ползти́	по́лзать	kriechen
тащи́ть	таска́ть	schleppen

Die Verben der bestimmten Bewegung bezeichnen:

eine Bewegung in eine Richtung:

Ма́ша идёт сейча́с в бассе́йн.   Mascha geht jetzt ins Schwimmbad.

eine Bewegung mit Hinweis auf ihr Ziel:

Мы е́дем во Фра́нцию.   Wir fahren nach Frankreich.

Die Verben der unbestimmten Bewegung bezeichnen:

eine Bewegung hin und zurück, eine mehrmalig ausgeführte Bewegung:

Ма́ша хо́дит в бассе́йн.   Mascha geht (oft) ins Schwimmbad.
      (Sie geht zum Schwimmbad und wieder zurück nach Hause).

Мы ча́сто е́здили во Фра́нцию.   Wir fuhren oft nach Frankreich (und wieder zurück nach Hause).

eine nicht zielgerichtete Bewegung:

Му́ха пла́вает в бока́ле вина́.   Im Weinglas schwimmt eine Mücke.

eine ständige Eigenschaft, eine allgemeine Fähigkeit:

Ры́бы пла́вают.   Fische (können) schwimmen.

Öffentliche Verkehrsmittel, die nach einem Plan verkehren, werden in der Regel mit den Verben идти́ – ходи́ть genannt:

Авто́бус хо́дит ка́ждые пять мину́т.	Der Bus fährt alle fünf Minuten.
Трамва́й идёт в центр.	Die Straßenbahn fährt in die Stadtmitte.
Паро́м хо́дит то́лько ле́том.	Die Fähre verkehrt nur im Sommer.

Parallel hierzu wird eine Fortbewegung per Schiff, Fähre, Floß etc. mit den Verben плыть – пла́вать bezeichnet:

Парохо́д плывёт из Га́мбурга в Пана́му.	Der Dampfer fährt von Hamburg nach Panama.
В воскресе́нье мы пла́вали на ло́дке.	Am Sonntag sind wir Boot gefahren.

бе́гать UNBEST

umherlaufen

INDIKATIV

Präsens		Präteritum		Futur / IMPF		
я	бе́гаю	я	бе́гал / бе́гала	я	бу́ду	бе́гать
ты	бе́гаешь	ты	бе́гал / бе́гала	ты	бу́дешь	бе́гать
он	бе́гает	он	бе́гал	он	бу́дет	бе́гать
она́	бе́гает	она́	бе́гала	она́	бу́дет	бе́гать
оно́	бе́гает	оно́	бе́гало	оно́	бу́дет	бе́гать
мы	бе́гаем	мы	бе́гали	мы	бу́дем	бе́гать
вы	бе́гаете	вы	бе́гали	вы	бу́дете	бе́гать
они́	бе́гают	они́	бе́гали	они́	бу́дут	бе́гать

KONJUNKTIV

я	бе́гал / бе́гала бы
ты	бе́гал / бе́гала бы
он	бе́гал бы
она́	бе́гала бы
оно́	бе́гало бы
мы	бе́гали бы
вы	бе́гали бы
они́	бе́гали бы

PARTIZIPIEN

AP	Präsens	бе́гая
P	Präs. Aktiv	бе́гающий
P	Prät. Aktiv	бе́гавший

IMPERATIV

Бе́гай!
Бе́гайте!

BESTIMMT

бежа́ть → **2**

бежа́ть BEST

laufen

INDIKATIV

Präsens		Präteritum		Futur / IMPF		
я	бегу́	я	бежа́л / бежа́ла	я	бу́ду	бежа́ть
ты	бежи́шь	ты	бежа́л / бежа́ла	ты	бу́дешь	бежа́ть
он	бежи́т	он	бежа́л	он	бу́дет	бежа́ть
она́	бежи́т	она́	бежа́ла	она́	бу́дет	бежа́ть
оно́	бежи́т	оно́	бежа́ло	оно́	бу́дет	бежа́ть
мы	бежи́м	мы	бежа́ли	мы	бу́дем	бежа́ть
вы	бежи́те	вы	бежа́ли	вы	бу́дете	бежа́ть
они́	бегу́т	они́	бежа́ли	они́	бу́дут	бежа́ть

KONJUNKTIV

я	бежа́л / бежа́ла бы
ты	бежа́л / бежа́ла бы
он	бежа́л бы
она́	бежа́ла бы
оно́	бежа́ло бы
мы	бежа́ли бы
вы	бежа́ли бы
они́	бежа́ли бы

PARTIZIPIEN

P	Präs. Aktiv	бегу́щий
AP	Präteritum	бежа́в
P	Prät. Aktiv	бежа́вший

IMPERATIV

Беги́!
Беги́те!

UNBESTIMMT

бе́гать → **1**

Imperfektives Verb

бере́чь
schonen

INDIKATIV

Präsens		Präteritum		Futur / IMPF		
я	берегу́	я	берёг / берегла́	я	бу́ду	бере́чь
ты	бережёшь	ты	берёг / берегла́	ты	бу́дешь	бере́чь
он	бережёт	он	берёг	он	бу́дет	бере́чь
она́	бережёт	она́	берегла́	она́	бу́дет	бере́чь
оно́	бережёт	оно́	берегло́	оно́	бу́дет	бере́чь
мы	бережём	мы	берегли́	мы	бу́дем	бере́чь
вы	бережёте	вы	берегли́	вы	бу́дете	бере́чь
они́	берегу́т	они́	берегли́	они́	бу́дут	бере́чь

KONJUNKTIV

я	берёг / берегла́ бы
ты	берёг / берегла́ бы
он	берёг бы
она́	берегла́ бы
оно́	берегло́ бы
мы	берегли́ бы
вы	берегли́ бы
они́	берегли́ бы

PARTIZIPIEN

P	**Präs. Aktiv**	берегу́щий
P	**Prät. Aktiv**	берёгший

IMPERATIV

Береги́!
Береги́те!

PERFEKTIV

сбере́чь

Imperfektives Verb

бить
schlagen

INDIKATIV

Präsens		Präteritum		Futur / IMPF		
я	бью́	я	бил / би́ла	я	бу́ду	бить
ты	бьёшь	ты	бил / би́ла	ты	бу́дешь	бить
он	бьёт	он	бил	он	бу́дет	бить
она́	бьёт	она́	би́ла	она́	бу́дет	бить
оно́	бьёт	оно́	би́ло	оно́	бу́дет	бить
мы	бьём	мы	би́ли	мы	бу́дем	бить
вы	бьёте	вы	би́ли	вы	бу́дете	бить
они́	бью́т	они́	би́ли	они́	бу́дут	бить

KONJUNKTIV

я	бил / би́ла бы
ты	бил / би́ла бы
он	бил бы
она́	би́ла бы
оно́	би́ло бы
мы	би́ли бы
вы	би́ли бы
они́	би́ли бы

PARTIZIPIEN

AP	**Präsens**	бия́ (veraltet)
P	**Präs. Aktiv**	бью́щий
P	**Prät. Aktiv**	би́вший
P	**Prät. Passiv**	би́тый (adj)

IMPERATIV

Бей!
Бе́йте!

PERFEKTIV

поби́ть

благодари́ть
danken

INDIKATIV

Präsens		Präteritum		Futur / IMPF	
я	благодарю́	я	благодари́л/благодари́ла	я	бу́ду благодари́ть
ты	благодари́шь	ты	благодари́л/благодари́ла	ты	бу́дешь благодари́ть
он	благодари́т	он	благодари́л	он	бу́дет благодари́ть
она́	благодари́т	она́	благодари́ла	она́	бу́дет благодари́ть
оно́	благодари́т	оно́	благодари́ло	оно́	бу́дет благодари́ть
мы	благодари́м	мы	благодари́ли	мы	бу́дем благодари́ть
вы	благодари́те	вы	благодари́ли	вы	бу́дете благодари́ть
они́	благодаря́т	они́	благодари́ли	они́	бу́дут благодари́ть

KONJUNKTIV

я	благодари́л/благодари́ла	бы
ты	благодари́л/благодари́ла	бы
он	благодари́л	бы
она́	благодари́ла	бы
оно́	благодари́ло	бы
мы	благодари́ли	бы
вы	благодари́ли	бы
они́	благодари́ли	бы

PARTIZIPIEN

AP	Präsens	благодаря́
P	Präs. Aktiv	благодаря́щий
P	Prät. Aktiv	благодари́вший

IMPERATIV

Благодари́!
Благодари́те!

PERFEKTIV
поблагодари́ть

блесте́ть
glänzen

INDIKATIV

Präsens		Präteritum		Futur / IMPF	
я	блещу́	я	блесте́л / блесте́ла	я	бу́ду блесте́ть
ты	блести́шь	ты	блесте́л / блесте́ла	ты	бу́дешь блесте́ть
он	блести́т	он	блесте́л	он	бу́дет блесте́ть
она́	блести́т	она́	блесте́ла	она́	бу́дет блесте́ть
оно́	блести́т	оно́	блесте́ло	оно́	бу́дет блесте́ть
мы	блести́м	мы	блесте́ли	мы	бу́дем блесте́ть
вы	блести́те	вы	блесте́ли	вы	бу́дете блесте́ть
они́	блестя́т	они́	блесте́ли	они́	бу́дут блесте́ть

KONJUNKTIV

я	блесте́л / блесте́ла	бы
ты	блесте́л / блесте́ла	бы
он	блесте́л	бы
она́	блесте́ла	бы
оно́	блесте́ло	бы
мы	блесте́ли	бы
вы	блесте́ли	бы
они́	блесте́ли	бы

PARTIZIPIEN

AP	Präsens	блестя́
P	Präs. Aktiv	блестя́щий / бле`щущий
P	Prät. Aktiv	блесте́вший

IMPERATIV

Блести́!
Блести́те!

PERFEKTIV
блесну́ть

боле́ть
krank sein

INDIKATIV

Präsens	Präteritum	Futur / IMPF
я боле́ю	я боле́л / боле́ла	я бу́ду боле́ть
ты боле́ешь	ты боле́л / боле́ла	ты бу́дешь боле́ть
он боле́ет	он боле́л	он бу́дет боле́ть
она́ боле́ет	она́ боле́ла	она́ бу́дет боле́ть
оно́ боле́ет	оно́ боле́ло	оно́ бу́дет боле́ть
мы боле́ем	мы боле́ли	мы бу́дем боле́ть
вы боле́ете	вы боле́ли	вы бу́дете боле́ть
они́ боле́ют	они́ боле́ли	они́ бу́дут боле́ть

KONJUNKTIV

я боле́л / боле́ла бы
ты боле́л / боле́ла бы
он боле́л бы
она́ боле́ла бы
оно́ боле́ло бы
мы боле́ли бы
вы боле́ли бы
они́ боле́ли бы

PARTIZIPIEN

AP Präsens	боле́я
P Präs. Aktiv	боле́ющий
P Prät. Aktiv	боле́вший

IMPERATIV

Боле́й!
Боле́йте!

PERFEKTIV
заболе́ть

боро́ться
kämpfen

INDIKATIV

Präsens	Präteritum	Futur / IMPF
я борю́сь	я боро́лся / боро́лась	я бу́ду боро́ться
ты бо́решься	ты боро́лся / боро́лась	ты бу́дешь боро́ться
он бо́рется	он боро́лся	он бу́дет боро́ться
она́ бо́рется	она́ боро́лась	она́ бу́дет боро́ться
оно́ бо́рется	оно́ боро́лось	оно́ бу́дет боро́ться
мы бо́ремся	мы боро́лись	мы бу́дем боро́ться
вы бо́ретесь	вы боро́лись	вы бу́дете боро́ться
они́ бо́рются	они́ боро́лись	они́ бу́дут боро́ться

KONJUNKTIV

я боро́лся / боро́лась бы
ты боро́лся / боро́лась бы
он боро́лся бы
она́ боро́лась бы
оно́ боро́лось бы
мы боро́лись бы
вы боро́лись бы
они́ боро́лись бы

PARTIZIPIEN

AP Präsens	боря́сь
P Präs. Aktiv	бо́рющийся
P Prät. Aktiv	боро́вшийся

IMPERATIV

Бори́сь!
Бори́тесь!

PERFEKTIV
поборо́ться

боя́ться
sich fürchten

INDIKATIV

Präsens		Präteritum		Futur / IMPF		
я	бою́сь	я	боя́лся / боя́лась	я	бу́ду	боя́ться
ты	бои́шься	ты	боя́лся / боя́лась	ты	бу́дешь	боя́ться
он	бои́тся	он	боя́лся	он	бу́дет	боя́ться
она́	бои́тся	она́	боя́лась	она́	бу́дет	боя́ться
оно́	бои́тся	оно́	боя́лось	оно́	бу́дет	боя́ться
мы	бои́мся	мы	боя́лись	мы	бу́дем	боя́ться
вы	бои́тесь	вы	боя́лись	вы	бу́дете	боя́ться
они́	боя́тся	они́	боя́лись	они́	бу́дут	боя́ться

KONJUNKTIV

я	боя́лся / боя́лась бы
ты	боя́лся / боя́лась бы
он	боя́лся бы
она́	боя́лась бы
оно́	боя́лось бы
мы	боя́лись бы
вы	боя́лись бы
они́	боя́лись бы

PARTIZIPIEN

AP	Präsens	боя́сь
P	Präs. Aktiv	боя́щийся
P	Prät. Aktiv	боя́вшийся

IMPERATIV

Бо́йся!
Бо́йтесь!

PERFEKTIV

забоя́ться

брать
nehmen

INDIKATIV

Präsens		Präteritum		Futur / IMPF		
я	беру́	я	брал / брала́	я	бу́ду	брать
ты	берёшь	ты	брал / брала́	ты	бу́дешь	брать
он	берёт	он	брал	он	бу́дет	брать
она́	берёт	она́	брала́	она́	бу́дет	брать
оно́	берёт	оно́	бра́ло	оно́	бу́дет	брать
мы	берём	мы	бра́ли	мы	бу́дем	брать
вы	берёте	вы	бра́ли	вы	бу́дете	брать
они́	беру́т	они́	бра́ли	они́	бу́дут	брать

KONJUNKTIV

я	брал / брала́ бы
ты	брал / брала́ бы
он	брал бы
она́	брала́ бы
оно́	бра́ло бы
мы	бра́ли бы
вы	бра́ли бы
они́	бра́ли бы

PARTIZIPIEN

AP	Präsens	беря́
P	Präs. Aktiv	беру́щий
P	Prät. Aktiv	бра́вший

IMPERATIV

Бери́!
Бери́те!

PERFEKTIV

взять → **20**

Imperfektives Verb

брести BEST
schlendern

INDIKATIV

Präsens		Präteritum		Futur / IMPF		
я	бреду́	я	брёл / брела́	я	бу́ду	брести́
ты	бредёшь	ты	брёл / брела́	ты	бу́дешь	брести́
он	бредёт	он	брёл	он	бу́дет	брести́
она́	бредёт	она́	брела́	она́	бу́дет	брести́
оно́	бредёт	оно́	брело́	оно́	бу́дет	брести́
мы	бредём	мы	брели́	мы	бу́дем	брести́
вы	бредёте	вы	брели́	вы	бу́дете	брести́
они́	бреду́т	они́	брели́	они́	бу́дут	брести́

KONJUNKTIV

я	брёл / брела́	бы
ты	брёл / брела́	бы
он	брёл	бы
она́	брела́	бы
оно́	брело́	бы
мы	брели́	бы
вы	брели́	бы
они́	брели́	бы

PARTIZIPIEN

AP Präsens	бредя́
P Präs. Aktiv	бреду́щий
P Prät. Aktiv	бре́дший

IMPERATIV

Бреди́!
Бреди́те!

UNBESTIMMT
броди́ть → **13**

Imperfektives Verb

бри́ться
sich rasieren

INDIKATIV

Präsens		Präteritum		Futur / IMPF		
я	бре́юсь	я	бри́лся / бри́лась	я	бу́ду	бри́ться
ты	бре́ешься	ты	бри́лся / бри́лась	ты	бу́дешь	бри́ться
он	бре́ется	он	бри́лся	он	бу́дет	бри́ться
она́	бре́ется	она́	бри́лась	она́	бу́дет	бри́ться
оно́	бре́ется	оно́	бри́лось	оно́	бу́дет	бри́ться
мы	бре́емся	мы	бри́лись	мы	бу́дем	бри́ться
вы	бре́етесь	вы	бри́лись	вы	бу́дете	бри́ться
они́	бре́ются	они́	бри́лись	они́	бу́дут	бри́ться

KONJUNKTIV

я	бри́лся / бри́лась	бы
ты	бри́лся / бри́лась	бы
он	бри́лся	бы
она́	бри́лась	бы
оно́	бри́лось	бы
мы	бри́лись	бы
вы	бри́лись	бы
они́	бри́лись	бы

PARTIZIPIEN

AP Präsens	бре́ясь
P Präs. Aktiv	бре́ющийся
P Prät. Aktiv	бри́вшийся
P Prät. Passiv	бри́тый

IMPERATIV

Бре́йся!
Бре́йтесь!

PERFEKTIV
побри́ться

бродить UNBEST
umherschlendern

INDIKATIV

Präsens		Präteritum		Futur / IMPF	
я	брожу́	я	броди́л / броди́ла	я	бу́ду броди́ть
ты	бро́дишь	ты	броди́л / броди́ла	ты	бу́дешь броди́ть
он	бро́дит	он	броди́л	он	бу́дет броди́ть
она́	бро́дит	она́	броди́ла	она́	бу́дет броди́ть
оно́	бро́дит	оно́	броди́ло	оно́	бу́дет броди́ть
мы	бро́дим	мы	броди́ли	мы	бу́дем броди́ть
вы	бро́дите	вы	броди́ли	вы	бу́дете броди́ть
они́	бро́дят	они́	броди́ли	они́	бу́дут броди́ть

KONJUNKTIV

я	броди́л / броди́ла бы
ты	броди́л / броди́ла бы
он	броди́л бы
она́	броди́ла бы
оно́	броди́ло бы
мы	броди́ли бы
вы	броди́ли бы
они́	броди́ли бы

PARTIZIPIEN

AP	Präsens	бродя́
P	Präs. Aktiv	бродя́щий
P	Prät. Aktiv	броди́вший

IMPERATIV

Броди́!
Броди́те!

BESTIMMT
брести́ → **11**

будить
wecken

INDIKATIV

Präsens		Präteritum		Futur / IMPF	
я	бужу́	я	буди́л / буди́ла	я	бу́ду буди́ть
ты	бу́дишь	ты	буди́л / буди́ла	ты	бу́дешь буди́ть
он	бу́дит	он	буди́л	он	бу́дет буди́ть
она́	бу́дит	она́	буди́ла	она́	бу́дет буди́ть
оно́	бу́дит	оно́	буди́ло	оно́	бу́дет буди́ть
мы	бу́дим	мы	буди́ли	мы	бу́дем буди́ть
вы	бу́дите	вы	буди́ли	вы	бу́дете буди́ть
они́	бу́дят	они́	буди́ли	они́	бу́дут буди́ть

KONJUNKTIV

я	буди́л / буди́ла бы
ты	буди́л / буди́ла бы
он	буди́л бы
она́	буди́ла бы
оно́	буди́ло бы
мы	буди́ли бы
вы	буди́ли бы
они́	буди́ли бы

PARTIZIPIEN

AP	Präsens	будя́
P	Präs. Aktiv	будя́щий
P	Präs. Passiv	буди́мый
P	Prät. Aktiv	буди́вший

IMPERATIV

Буди́!
Буди́те!

PERFEKTIV
разбуди́ть

Imperfektives Verb

быть
sein

INDIKATIV

Präsens		Präteritum		Futur / IMPF	
я	есть	я	был, не́ был / не была́	я	бу́ду
ты	есть	ты	был, не́ был / не была́	ты	бу́дешь
он	есть	он	был, не́ был	он	бу́дет
она́	есть	она́	была́, не была́	она́	бу́дет
оно́	есть	оно́	бы́ло, не́ было	оно́	бу́дет
мы	есть	мы	бы́ли, не́ были	мы	бу́дем
вы	есть	вы	бы́ли, не́ были	вы	бу́дете
они́	есть	они́	бы́ли, не́ были	они́	бу́дут

KONJUNKTIV

я	был / была́ бы
ты	был / была́ бы
он	был бы
она́	была́ бы
оно́	бы́ло бы
мы	бы́ли бы
вы	бы́ли бы
они́	бы́ли бы

(Betonung mit не wie im Präteritum)

PARTIZIPIEN

AP	Präsens	бу́дучи
P	Präs. Aktiv	бу́дущий
P	Prät. Aktiv	бы́вший

IMPERATIV

Будь!
Бу́дьте!

PERFEKTIV

—

Imperfektives Verb

вари́ть
kochen

INDIKATIV

Präsens		Präteritum		Futur / IMPF		
я	варю́	я	вари́л / вари́ла	я	бу́ду	вари́ть
ты	ва́ришь	ты	вари́л / вари́ла	ты	бу́дешь	вари́ть
он	ва́рит	он	вари́л	он	бу́дет	вари́ть
она́	ва́рит	она́	вари́ла	она́	бу́дет	вари́ть
оно́	ва́рит	оно́	вари́ло	оно́	бу́дет	вари́ть
мы	ва́рим	мы	вари́ли	мы	бу́дем	вари́ть
вы	ва́рите	вы	вари́ли	вы	бу́дете	вари́ть
они́	ва́рят	они́	вари́ли	они́	бу́дут	вари́ть

KONJUNKTIV

я	вари́л / вари́ла бы
ты	вари́л / вари́ла бы
он	вари́л бы
она́	вари́ла бы
оно́	вари́ло бы
мы	вари́ли бы
вы	вари́ли бы
они́	вари́ли бы

PARTIZIPIEN

AP	Präsens	варя́
P	Präs. Aktiv	ва́рящий
P	Präs. Passiv	вари́мый
P	Prät. Aktiv	вари́вший
P	Prät. Passiv	ва́ренный

IMPERATIV

Вари́!
Вари́те!

PERFEKTIV

свари́ть

везти BEST

transportieren, fahren

INDIKATIV

Präsens		Präteritum		Futur / IMPF		
я	везу́	я	вёз / везла́	я	бу́ду	везти́
ты	везёшь	ты	вёз / везла́	ты	бу́дешь	везти́
он	везёт	он	вёз	он	бу́дет	везти́
она́	везёт	она́	везла́	она́	бу́дет	везти́
оно́	везёт	оно́	везло́	оно́	бу́дет	везти́
мы	везём	мы	везли́	мы	бу́дем	везти́
вы	везёте	вы	везли́	вы	бу́дете	везти́
они́	везу́т	они́	везли́	они́	бу́дут	везти́

KONJUNKTIV

я	вёз / везла́	бы
ты	вёз / везла́	бы
он	вёз	бы
она́	везла́ бы	
оно́	везло́ бы	
мы	везли́ бы	
вы	везли́ бы	
они́	везли́ бы	

PARTIZIPIEN

AP	Präsens	везя́
P	Präs. Aktiv	везу́щий
P	Präs. Passiv	везо́мый
P	Prät. Aktiv	вёзший

IMPERATIV

Вези́!

Вези́те!

UNBESTIMMT

вози́ть → **26**

вести BEST

führen

INDIKATIV

Präsens		Präteritum		Futur / IMPF		
я	веду́	я	вёл / вела́	я	бу́ду	вести́
ты	ведёшь	ты	вёл / вела́	ты	бу́дешь	вести́
он	ведёт	он	вёл	он	бу́дет	вести́
она́	ведёт	она́	вела́	она́	бу́дет	вести́
оно́	ведёт	оно́	вело́	оно́	бу́дет	вести́
мы	ведём	мы	вели́	мы	бу́дем	вести́
вы	ведёте	вы	вели́	вы	бу́дете	вести́
они́	веду́т	они́	вели́	они́	бу́дут	вести́

KONJUNKTIV

я	вёл / вела́	бы
ты	вёл / вела́	бы
он	вёл	бы
она́	вела́ бы	
оно́	вело́ бы	
мы	вели́ бы	
вы	вели́ бы	
они́	вели́ бы	

PARTIZIPIEN

AP	Präsens	ведя́
P	Präs. Aktiv	веду́щий
P	Präs. Passiv	ведо́мый
P	Prät. Aktiv	ве́дший

IMPERATIV

Веди́!

Веди́те!

UNBESTIMMT

води́ть → **25**

Perfektives Verb

вернуться
zurückkehren

INDIKATIV

Futur / PF		**Präteritum**	
я	вернусь	я	вернулся / вернулась
ты	вернёшься	ты	вернулся / вернулась
он	вернётся	он	вернулся
она́	вернётся	она́	вернулась
оно́	вернётся	оно́	вернулось
мы	вернёмся	мы	вернулись
вы	вернётесь	вы	вернулись
они́	вернутся	они́	вернулись

KONJUNKTIV

я	вернулся / вернулась	бы
ты	вернулся / вернулась	бы
он	вернулся	бы
она́	вернулась	бы
оно́	вернулось	бы
мы	вернулись	бы
вы	вернулись	бы
они́	вернулись	бы

PARTIZIPIEN

AP Präteritum	вернувшись
P Prät. Aktiv	вернувшийся

IMPERATIV

Вернись!
Верни́тесь!

IMPERFEKTIV
возвраща́ться

Perfektives Verb

взять
nehmen

INDIKATIV

Futur / PF		**Präteritum**	
я	возьму́	я	взял / взяла́
ты	возьмёшь	ты	взял / взяла́
он	возьмёт	он	взял
она́	возьмёт	она́	взяла́
оно́	возьмёт	оно́	взя́ло
мы	возьмём	мы	взя́ли
вы	возьмёте	вы	взя́ли
они́	возьму́т	они́	взя́ли

KONJUNKTIV

я	взял	бы
ты	взял	бы
он	взял	бы
она́	взяла́	бы
оно́	взя́ло	бы
мы	взя́ли	бы
вы	взя́ли	бы
они́	взя́ли	бы

PARTIZIPIEN

AP Präteritum	взяв
P Prät. Aktiv	взя́вший
P Prät. Passiv	взя́тый
Kurzformen	взят
	взята́
	взя́то
	взя́ты

IMPERATIV

Возьми́!
Возьми́те!

IMPERFEKTIV
брать → **10**

ви́деть
sehen

INDIKATIV

Präsens		Präteritum		Futur / IMPF		
я	ви́жу	я	ви́дел / ви́дела	я	бу́ду	ви́деть
ты	ви́дишь	ты	ви́дел / ви́дела	ты	бу́дешь	ви́деть
он	ви́дит	он	ви́дел	он	бу́дет	ви́деть
она́	ви́дит	она́	ви́дела	она́	бу́дет	ви́деть
оно́	ви́дит	оно́	ви́дело	оно́	бу́дет	ви́деть
мы	ви́дим	мы	ви́дели	мы	бу́дем	ви́деть
вы	ви́дите	вы	ви́дели	вы	бу́дете	ви́деть
они́	ви́дят	они́	ви́дели	они́	бу́дут	ви́деть

KONJUNKTIV

я	ви́дел / ви́дела бы
ты	ви́дел / ви́дела бы
он	ви́дел бы
она́	ви́дела бы
оно́	ви́дело бы
мы	ви́дели бы
вы	ви́дели бы
они́	ви́дели бы

PARTIZIPIEN

AP Präsens	ви́дя
P Präs. Aktiv	ви́дящий
P Präs. Passiv	ви́димый
P Prät. Aktiv	ви́девший
P Prät. Passiv	ви́денный
Kurzformen	ви́ден (adj)
	видна́ (adj)
	ви́дно (adj)
	видны́ (adj)

IMPERATIV

(Смотри́!)
(Смотри́те!)

PERFEKTIV

уви́деть

Imperfektives Verb

висе́ть
hängen ITR

INDIKATIV

Präsens		Präteritum		Futur / IMPF		
я	вишу́	я	висе́л / висе́ла	я	бу́ду	висе́ть
ты	виси́шь	ты	висе́л / висе́ла	ты	бу́дешь	висе́ть
он	виси́т	он	висе́л	он	бу́дет	висе́ть
она́	виси́т	она́	висе́ла	она́	бу́дет	висе́ть
оно́	виси́т	оно́	висе́ло	оно́	бу́дет	висе́ть
мы	виси́м	мы	висе́ли	мы	бу́дем	висе́ть
вы	виси́те	вы	висе́ли	вы	бу́дете	висе́ть
они́	вися́т	они́	висе́ли	они́	бу́дут	висе́ть

KONJUNKTIV

я	висе́л / висе́ла бы
ты	висе́л / висе́ла бы
он	висе́л бы
она́	висе́ла бы
оно́	висе́ло бы
мы	висе́ли бы
вы	висе́ли бы
они́	висе́ли бы

PARTIZIPIEN

AP Präsens	вися́
P Präs. Aktiv	вися́щий
P Prät. Aktiv	висе́вший

IMPERATIV

Виси́!
Виси́те!

PERFEKTIV

—

Perfektives Verb

ВКЛЮЧИ́ТЬ
einschalten

INDIKATIV

Futur / PF		Präteritum	
я	включу́	я	включи́л / включи́ла
ты	включи́шь	ты	включи́л / включи́ла
он	включи́т	он	включи́л
она́	включи́т	она́	включи́ла
оно́	включи́т	оно́	включи́ло
мы	включи́м	мы	включи́ли
вы	включи́те	вы	включи́ли
они́	включа́т	они́	включи́ли

KONJUNKTIV

я	включи́л / включи́ла	бы
ты	включи́л / включи́ла	бы
он	включи́л	бы
она́	включи́ла бы	
оно́	включи́ло бы	
мы	включи́ли бы	
вы	включи́ли бы	
они́	включи́ли бы	

PARTIZIPIEN

AP	**Präteritum**	включи́в
P	**Prät. Aktiv**	включи́вший
P	**Prät. Passiv**	включённый
Kurzformen		включён
		включена́
		включено́
		включены́

IMPERATIV

Включи́!
Включи́те!

IMPERFEKTIV

включа́ть

Imperfektives Verb

ВЛЕЧЬ
zur Folge haben

INDIKATIV

Präsens		Präteritum		Futur / IMPF		
я	влеку́	я	влёк / влекла́	я	бу́ду	влечь
ты	влечёшь	ты	влёк / влекла́	ты	бу́дешь	влечь
он	влечёт	он	влёк	он	бу́дет	влечь
она́	влечёт	она́	влекла́	она́	бу́дет	влечь
оно́	влечёт	оно́	влекло́	оно́	бу́дет	влечь
мы	влечём	мы	влекли́	мы	бу́дем	влечь
вы	влечёте	вы	влекли́	вы	бу́дете	влечь
они́	влеку́т	они́	влекли́	они́	бу́дут	влечь

KONJUNKTIV

я	влёк / влекла́ бы	
ты	влёк / влекла́ бы	
он	влёк	бы
она́	влекла́ бы	
оно́	влекло́ бы	
мы	влекли́ бы	
вы	влекли́ бы	
они́	влекли́ бы	

PARTIZIPIEN

P	**Präs. Aktiv**	влеку́щий
P	**Präs. Passiv**	влеко́мый
P	**Prät. Aktiv**	влёкший

IMPERATIV

Влеки́!
Влеки́те!

PERFEKTIV

повле́чь

ВОДИ́ТЬ UNBEST
führen

INDIKATIV

Präsens		Präteritum		Futur / IMPF		
я	вожу́	я	води́л / води́ла	я	бу́ду	води́ть
ты	во́дишь	ты	води́л / води́ла	ты	бу́дешь	води́ть
он	во́дит	он	води́л	он	бу́дет	води́ть
она́	во́дит	она́	води́ла	она́	бу́дет	води́ть
оно́	во́дит	оно́	води́ло	оно́	бу́дет	води́ть
мы	во́дим	мы	води́ли	мы	бу́дем	води́ть
вы	во́дите	вы	води́ли	вы	бу́дете	води́ть
они́	во́дят	они́	води́ли	они́	бу́дут	води́ть

KONJUNKTIV

я	води́л / води́ла бы
ты	води́л / води́ла бы
он	води́л бы
она́	води́ла бы
оно́	води́ло бы
мы	води́ли бы
вы	води́ли бы
они́	води́ли бы

PARTIZIPIEN

AP	Präsens	водя́
P	Präs. Aktiv	водя́щий
P	Präs. Passiv	води́мый
P	Prät. Aktiv	води́вший

IMPERATIV

Води́!
Води́те!

BESTIMMT

вести́ → **18**

ВОЗИ́ТЬ UNBEST
transportieren, fahren TR

INDIKATIV

Präsens		Präteritum		Futur / IMPF		
я	вожу́	я	вози́л / вози́ла	я	бу́ду	вози́ть
ты	во́зишь	ты	вози́л / вози́ла	ты	бу́дешь	вози́ть
он	во́зит	он	вози́л	он	бу́дет	вози́ть
она́	во́зит	она́	вози́ла	она́	бу́дет	вози́ть
оно́	во́зит	оно́	вози́ло	оно́	бу́дет	вози́ть
мы	во́зим	мы	вози́ли	мы	бу́дем	вози́ть
вы	во́зите	вы	вози́ли	вы	бу́дете	вози́ть
они́	во́зят	они́	вози́ли	они́	бу́дут	вози́ть

KONJUNKTIV

я	вози́л / вози́ла бы
ты	вози́л / вози́ла бы
он	вози́л бы
она́	вози́ла бы
оно́	вози́ло бы
мы	вози́ли бы
вы	вози́ли бы
они́	вози́ли бы

PARTIZIPIEN

AP	Präsens	возя́
P	Präs. Aktiv	возя́щий
P	Präs. Passiv	вози́мый
P	Prät. Aktiv	вози́вший

IMPERATIV

Вози́!
Вози́те!

BESTIMMT

везти́ → **17**

Perfektives Verb

ВОЙТИ
hineingehen

INDIKATIV

Futur / PF		**Präteritum**	
я	войду́	я	вошёл / вошла́
ты	войдёшь	ты	вошёл / вошла́
он	войдёт	он	вошёл
она́	войдёт	она́	вошла́
оно́	войдёт	оно́	вошло́
мы	войдём	мы	вошли́
вы	войдёте	вы	вошли́
они́	войду́т	они́	вошли́

KONJUNKTIV

я	вошёл / вошла́	бы
ты	вошёл / вошла́	бы
он	вошёл	бы
она́	вошла́	бы
оно́	вошло́	бы
мы	вошли́	бы
вы	вошли́	бы
они́	вошли́	бы

PARTIZIPIEN

AP	**Präteritum**	войдя́
P	**Prät. Aktiv**	вошёдший

IMPERATIV

Войди́!
Войди́те!

IMPERFEKTIV
входи́ть → **32**

Perfektives Verb

ВСПО́МНИТЬ
sich erinnern

INDIKATIV

Futur / PF		**Präteritum**	
я	вспо́мню	я	вспо́мнил / вспо́мнила
ты	вспо́мнишь	ты	вспо́мнил / вспо́мнила
он	вспо́мнит	он	вспо́мнил
она́	вспо́мнит	она́	вспо́мнила
оно́	вспо́мнит	оно́	вспо́мнило
мы	вспо́мним	мы	вспо́мнили
вы	вспо́мните	вы	вспо́мнили
они́	вспо́мнят	они́	вспо́мнили

KONJUNKTIV

я	вспо́мнил / вспо́мнила	бы
ты	вспо́мнил / вспо́мнила	бы
он	вспо́мнил	бы
она́	вспо́мнила	бы
оно́	вспо́мнило	бы
мы	вспо́мнили	бы
вы	вспо́мнили	бы
они́	вспо́мнили	бы

PARTIZIPIEN

AP	**Präteritum**	вспо́мнив
P	**Prät. Aktiv**	вспо́мнивший

IMPERATIV

Вспо́мни!
Вспо́мните!

IMPERFEKTIV
вспомина́ть

вставáть
aufstehen

INDIKATIV

Präsens	Präteritum	Futur / IMPF
я встаю́	я встава́л / встава́ла	я бу́ду вставáть
ты встаёшь	ты встава́л / встава́ла	ты бу́дешь вставáть
он встаёт	он встава́л	он бу́дет вставáть
она́ встаёт	она́ встава́ла	она́ бу́дет вставáть
оно́ встаёт	оно́ встава́ло	оно́ бу́дет вставáть
мы встаём	мы встава́ли	мы бу́дем вставáть
вы встаёте	вы встава́ли	вы бу́дете вставáть
они́ встаю́т	они́ встава́ли	они́ бу́дут вставáть

KONJUNKTIV

я встава́л / встава́ла бы
ты встава́л / встава́ла бы
он встава́л бы
она́ встава́ла бы
оно́ встава́ло бы
мы встава́ли бы
вы встава́ли бы
они́ встава́ли бы

PARTIZIPIEN

AP Präsens   вставáя
P Präs. Aktiv встаю́щий
P Prät. Aktiv встава́вший

IMPERATIV

Вставáй!
Вставáйте!

PERFEKTIV

встáть → **30**

встать
aufstehen

INDIKATIV

Futur / PF	Präteritum
я встáну	я встал / встáла
ты встáнешь	ты встал / встáла
он встáнет	он встал
она́ встáнет	она́ встáла
оно́ встáнет	оно́ встáло
мы встáнем	мы встáли
вы встáнете	вы встáли
они́ встáнут	они́ встáли

KONJUNKTIV

я встал / встáла бы
ты встал / встáла бы
он встал бы
она́ встáла бы
оно́ встáло бы
мы встáли бы
вы встáли бы
они́ встáли бы

PARTIZIPIEN

AP Präteritum встав
P Prät. Aktiv встáвший

IMPERATIV

Встань!
Встáньте!

IMPERFEKTIV

вставáть → **29**

Perfektives Verb

ВСТРÉТИТЬ
treffen

INDIKATIV

Futur / PF		Präteritum	
я	встрéчу	я	встрéтил / встрéтила
ты	встрéтишь	ты	встрéтил / встрéтила
он	встрéтит	он	встрéтил
онá	встрéтит	онá	встрéтила
онó	встрéтит	онó	встрéтило
мы	встрéтим	мы	встрéтили
вы	встрéтите	вы	встрéтили
они́	встрéтят	они́	встрéтили

KONJUNKTIV

я	встрéтил / встрéтила бы
ты	встрéтил / встрéтила бы
он	встрéтил бы
онá	встрéтила бы
онó	встрéтило бы
мы	встрéтили бы
вы	встрéтили бы
они́	встрéтили бы

PARTIZIPIEN

AP	Präteritum	встрéтив
P	Prät. Aktiv	встрéтивший
P	Prät. Passiv	встрéченный
Kurzformen		встрéчен
		встрéчена
		встрéчено
		встрéчены

IMPERATIV

Встреть!
Встрéтьте!

IMPERFEKTIV
встречáть

Imperfektives Verb

ВХОДИ́ТЬ
hineingehen

INDIKATIV

Präsens		Präteritum		Futur / IMPF		
я	вхожу́	я	входи́л / входи́ла	я	бу́ду	входи́ть
ты	вхóдишь	ты	входи́л / входи́ла	ты	бу́дешь	входи́ть
он	вхóдит	он	входи́л	он	бу́дет	входи́ть
онá	вхóдит	онá	входи́ла	онá	бу́дет	входи́ть
онó	вхóдит	онó	входи́ло	онó	бу́дет	входи́ть
мы	вхóдим	мы	входи́ли	мы	бу́дем	входи́ть
вы	вхóдите	вы	входи́ли	вы	бу́дете	входи́ть
они́	вхóдят	они́	входи́ли	они́	бу́дут	входи́ть

KONJUNKTIV

я	входи́л / входи́ла бы
ты	входи́л / входи́ла бы
он	входи́л бы
онá	входи́ла бы
онó	входи́ло бы
мы	входи́ли бы
вы	входи́ли бы
они́	входи́ли бы

PARTIZIPIEN

AP	Präsens	входя́
P	Präs. Aktiv	входя́щий
P	Prät. Aktiv	входи́вший

IMPERATIV

Входи́!
Входи́те!

PERFEKTIV
войти́ → 27

вы́брать
wählen

INDIKATIV

Futur / PF

я	вы́беру	я	вы́брал / вы́брала
ты	вы́берешь	ты	вы́брал / вы́брала
он	вы́берет	он	вы́брал
она́	вы́берет	она́	вы́брала
оно́	вы́берет	оно́	вы́брало
мы	вы́берем	мы	вы́брали
вы	вы́берете	вы	вы́брали
они́	вы́берут	они́	вы́брали

Präteritum

KONJUNKTIV

я	вы́брал / вы́брала бы
ты	вы́брал / вы́брала бы
он	вы́брал бы
она́	вы́брала бы
оно́	вы́брало бы
мы	вы́брали бы
вы	вы́брали бы
они́	вы́брали бы

PARTIZIPIEN

AP	**Präteritum**	вы́брав
P	**Prät. Aktiv**	вы́бравший
P	**Prät. Passiv**	вы́бранный
Kurzformen		вы́бран
		вы́брана
		вы́брано
		вы́браны

IMPERATIV

Вы́бери!
Вы́берите!

IMPERFEKTIV

выбира́ть

вы́ключить
ausschalten

INDIKATIV

Futur / PF

я	вы́ключу	я	вы́ключил / вы́ключила
ты	вы́ключишь	ты	вы́ключил / вы́ключила
он	вы́ключит	он	вы́ключил
она́	вы́ключит	она́	вы́ключила
оно́	вы́ключит	оно́	вы́ключило
мы	вы́ключим	мы	вы́ключили
вы	вы́ключите	вы	вы́ключили
они́	вы́ключат	они́	вы́ключили

Präteritum

KONJUNKTIV

я	вы́ключил / вы́ключила бы
ты	вы́ключил / вы́ключила бы
он	вы́ключил бы
она́	вы́ключила бы
оно́	вы́ключило бы
мы	вы́ключили бы
вы	вы́ключили бы
они́	вы́ключили бы

PARTIZIPIEN

AP	**Präteritum**	вы́ключив
P	**Prät. Aktiv**	вы́ключивший
P	**Prät. Passiv**	вы́ключенный
Kurzformen		вы́ключен
		вы́ключена
		вы́ключено
		вы́ключены

IMPERATIV

Вы́ключи!
Вы́ключите!

IMPERFEKTIV

выключа́ть

Perfektives Verb

вы́разить
ausdrücken, äußern

INDIKATIV

Futur / PF		Präteritum	
я	вы́ражу	я	вы́разил / вы́разила
ты	вы́разишь	ты	вы́разил / вы́разила
он	вы́разит	он	вы́разил
она́	вы́разит	она́	вы́разила
оно́	вы́разит	оно́	вы́разило
мы	вы́разим	мы	вы́разили
вы	вы́разите	вы	вы́разили
они́	вы́разят	они́	вы́разили

KONJUNKTIV

я	вы́разил / вы́разила	бы
ты	вы́разил / вы́разила	бы
он	вы́разил	бы
она́	вы́разила бы	
оно́	вы́разило бы	
мы	вы́разили бы	
вы	вы́разили бы	
они́	вы́разили бы	

PARTIZIPIEN

AP	Präteritum	вы́разив
P	Prät. Aktiv	вы́разивший
P	Prät. Passiv	вы́раженный
Kurzformen		вы́ражен
		вы́ражена
		вы́ражено
		вы́ражены

IMPERATIV

Вы́рази!
Вы́разите!

IMPERFEKTIV

выража́ть

Imperfektives Verb

гла́дить
streicheln; bügeln

INDIKATIV

Präsens		Präteritum		Futur / IMPF		
я	гла́жу	я	гла́дил / гла́дила	я	бу́ду	гла́дить
ты	гла́дишь	ты	гла́дил / гла́дила	ты	бу́дешь	гла́дить
он	гла́дит	он	гла́дил	он	бу́дет	гла́дить
она́	гла́дит	она́	гла́дила	она́	бу́дет	гла́дить
оно́	гла́дит	оно́	гла́дило	оно́	бу́дет	гла́дить
мы	гла́дим	мы	гла́дили	мы	бу́дем	гла́дить
вы	гла́дите	вы	гла́дили	вы	бу́дете	гла́дить
они́	гла́дят	они́	гла́дили	они́	бу́дут	гла́дить

KONJUNKTIV

я	гла́дил / гла́дила	бы
ты	гла́дил / гла́дила	бы
он	гла́дил	бы
она́	гла́дила бы	
оно́	гла́дило бы	
мы	гла́дили бы	
вы	гла́дили бы	
они́	гла́дили бы	

PARTIZIPIEN

AP	Präsens	гла́дя
P	Präs. Aktiv	гладя́щий
P	Präs. Passiv	гради́мый
P	Prät. Aktiv	гла́дивший
P	Prät. Passiv	гла́женный
		гла́женый (adj)

IMPERATIV

Гладь!
Гла́дьте!

PERFEKTIV

погла́дить

глушить

1. betäuben; 2. dämpfen

INDIKATIV

Präsens		Präteritum		Futur / IMPF		
я	глушу́	я	глуши́л / глуши́ла	я	бу́ду	глуши́ть
ты	глу́шишь	ты	глуши́л / глуши́ла	ты	бу́дешь	глуши́ть
он	глу́шит	он	глуши́л	он	бу́дет	глуши́ть
она́	глу́шит	она́	глуши́ла	она́	бу́дет	глуши́ть
оно́	глу́шит	оно́	глуши́ло	оно́	бу́дет	глуши́ть
мы	глу́шим	мы	глуши́ли	мы	бу́дем	глуши́ть
вы	глу́шите	вы	глуши́ли	вы	бу́дете	глуши́ть
они́	глу́шат	они́	глуши́ли	они́	бу́дут	глуши́ть

KONJUNKTIV

я	глуши́л / глуши́ла	бы
ты	глуши́л / глуши́ла	бы
он	глуши́л	бы
она́	глуши́ла	бы
оно́	глуши́ло	бы
мы	глуши́ли	бы
вы	глуши́ли	бы
они́	глуши́ли	бы

PARTIZIPIEN

AP	Präsens	глуша́
P	Präs. Aktiv	глуша́щий
P	Prät. Aktiv	глуши́вший

IMPERATIV

Глуши́!
Глуши́те!

PERFEKTIV

1. оглуши́ть
2. заглуши́ть

гляде́ть

ansehen

INDIKATIV

Präsens		Präteritum		Futur / IMPF		
я	гляжу́	я	гляде́л / гляде́ла	я	бу́ду	гляде́ть
ты	гляди́шь	ты	гляде́л / гляде́ла	ты	бу́дешь	гляде́ть
он	гляди́т	он	гляде́л	он	бу́дет	гляде́ть
она́	гляди́т	она́	гляде́ла	она́	бу́дет	гляде́ть
оно́	гляди́т	оно́	гляде́ло	оно́	бу́дет	гляде́ть
мы	гляди́м	мы	гляде́ли	мы	бу́дем	гляде́ть
вы	гляди́те	вы	гляде́ли	вы	бу́дете	гляде́ть
они́	глядя́т	они́	гляде́ли	они́	бу́дут	гляде́ть

KONJUNKTIV

я	гляде́л / гляде́ла	бы
ты	гляде́л / гляде́ла	бы
он	гляде́л	бы
она́	гляде́ла	бы
оно́	гляде́ло	бы
мы	гляде́ли	бы
вы	гляде́ли	бы
они́	гляде́ли	бы

PARTIZIPIEN

AP	Präsens	гля́дя
P	Präs. Aktiv	глядя́щий
P	Prät. Aktiv	гляде́вший

IMPERATIV

Гляди́!
Гляди́те!

PERFEKTIV

погляде́ть

Imperfektives Verb

гнать BEST
treiben, jagen

INDIKATIV

Präsens		Präteritum		Futur / IMPF	
я	гоню́	я	гнал / гнала́	я	бу́ду гнать
ты	го́нишь	ты	гнал / гнала́	ты	бу́дешь гнать
он	го́нит	он	гнал	он	бу́дет гнать
она́	го́нит	она́	гнала́	она́	бу́дет гнать
оно́	го́нит	оно́	гна́ло	оно́	бу́дет гнать
мы	го́ним	мы	гна́ли	мы	бу́дем гнать
вы	го́ните	вы	гна́ли	вы	бу́дете гнать
они́	го́нят	они́	гна́ли	они́	бу́дут гнать

KONJUNKTIV

я	гнал / гнала́ бы
ты	гнал / гнала́ бы
он	гнал бы
она́	гнала́ бы
оно́	гна́ло бы
мы	гна́ли бы
вы	гна́ли бы
они́	гна́ли бы

PARTIZIPIEN

AP	Präsens	гоня́
P	Präs. Aktiv	гоня́щий
P	Prät. Aktiv	гна́вший
P	Prät. Passiv	гони́мый

IMPERATIV

Гони́!
Гони́те!

UNBESTIMMT
гоня́ть → **43**

Imperfektives Verb

гнить
faulen

INDIKATIV

Präsens		Präteritum		Futur / IMPF	
я	гнию́	я	гнил / гнила́	я	бу́ду гнить
ты	гниёшь	ты	гнил / гнила́	ты	бу́дешь гнить
он	гниёт	он	гнил	он	бу́дет гнить
она́	гниёт	она́	гнила́	она́	бу́дет гнить
оно́	гниёт	оно́	гни́ло	оно́	бу́дет гнить
мы	гниём	мы	гни́ли	мы	бу́дем гнить
вы	гниёте	вы	гни́ли	вы	бу́дете гнить
они́	гнию́т	они́	гни́ли	они́	бу́дут гнить

KONJUNKTIV

я	гнил / гнила́ бы
ты	гнил / гнила́ бы
он	гнил бы
она́	гнила́ бы
оно́	гни́ло бы
мы	гни́ли бы
вы	гни́ли бы
они́	гни́ли бы

PARTIZIPIEN

AP	Präsens	гния́
P	Präs. Aktiv	гнию́щий
P	Prät. Aktiv	гни́вший

IMPERATIV

—
—

PERFEKTIV
сгни́ть

гнуть
biegen

INDIKATIV

Präsens		Präteritum		Futur / IMPF		
я	гну	я	гнул / гну́ла	я	бу́ду	гнуть
ты	гнёшь	ты	гнул / гну́ла	ты	бу́дешь	гнуть
он	гнёт	он	гнул	он	бу́дет	гнуть
она́	гнёт	она́	гну́ла	она́	бу́дет	гнуть
оно́	гнёт	оно́	гну́ло	оно́	бу́дет	гнуть
мы	гнём	мы	гну́ли	мы	бу́дем	гнуть
вы	гнёте	вы	гну́ли	вы	бу́дете	гнуть
они́	гнут	они́	гну́ли	они́	бу́дут	гнуть

KONJUNKTIV

я	гнул / гну́ла бы
ты	гнул / гну́ла бы
он	гнул бы
она́	гну́ла бы
оно́	гну́ло бы
мы	гну́ли бы
вы	гну́ли бы
они́	гну́ли бы

PARTIZIPIEN

P	Präs. Aktiv	гну́щий
P	Prät. Aktiv	гну́вший
P	Prät. Passiv	гну́тый

IMPERATIV

Гни!
Гни́те!

PERFEKTIV

согну́ть

говори́ть
sagen, sprechen

INDIKATIV

Präsens		Präteritum		Futur / IMPF		
я	говорю́	я	говори́л / говори́ла	я	бу́ду	говори́ть
ты	говори́шь	ты	говори́л / говори́ла	ты	бу́дешь	говори́ть
он	говори́т	он	говори́л	он	бу́дет	говори́ть
она́	говори́т	она́	говори́ла	она́	бу́дет	говори́ть
оно́	говори́т	оно́	говори́ло	оно́	бу́дет	говори́ть
мы	говори́м	мы	говори́ли	мы	бу́дем	говори́ть
вы	говори́те	вы	говори́ли	вы	бу́дете	говори́ть
они́	говоря́т	они́	говори́ли	они́	бу́дут	говори́ть

KONJUNKTIV

я	говори́л / говори́ла бы
ты	говори́л / говори́ла бы
он	говори́л бы
она́	говори́ла бы
оно́	говори́ло бы
мы	говори́ли бы
вы	говори́ли бы
они́	говори́ли бы

PARTIZIPIEN

AP	Präsens	говоря́
P	Präs. Aktiv	говоря́щий
P	Prät. Aktiv	говори́вший
P	Prät. Passiv	говорённый
Kurzformen		говорён
		говорена́
		говорено́
		говорены́

IMPERATIV

Говори́!
Говори́те!

PERFEKTIV

сказа́ть → **165**

Imperfektives Verb

ГОНЯ́ТЬ UNBEST
treiben, jagen

INDIKATIV

Präsens		Präteritum		Futur / IMPF	
я	гоня́ю	я	гоня́л / гоня́ла	я	бу́ду гоня́ть
ты	гоня́ешь	ты	гоня́л / гоня́ла	ты	бу́дешь гоня́ть
он	гоня́ет	он	гоня́л	он	бу́дет гоня́ть
она́	гоня́ет	она́	гоня́ла	она́	бу́дет гоня́ть
оно́	гоня́ет	оно́	гоня́ло	оно́	бу́дет гоня́ть
мы	гоня́ем	мы	гоня́ли	мы	бу́дем гоня́ть
вы	гоня́ете	вы	гоня́ли	вы	бу́дете гоня́ть
они́	гоня́ют	они́	гоня́ли	они́	бу́дут гоня́ть

KONJUNKTIV

я	гоня́л / гоня́ла бы
ты	гоня́л / гоня́ла бы
он	гоня́л бы
она́	гоня́ла бы
оно́	гоня́ло бы
мы	гоня́ли бы
вы	гоня́ли бы
они́	гоня́ли бы

PARTIZIPIEN

AP Präsens	гоня́я
P Präs. Aktiv	гоня́ющий
P Präs. Passiv	гоня́емый
P Prät. Aktiv	гоня́вший

IMPERATIV

Гоня́й!
Гоня́йте!

BESTIMMT
гнать → **39**

Imperfektives Verb

ГОРДИ́ТЬСЯ
stolz sein

INDIKATIV

Präsens		Präteritum		Futur / IMPF	
я	горжу́сь	я	горди́лся / горди́лась	я	бу́ду горди́ться
ты	горди́шься	ты	горди́лся / горди́лась	ты	бу́дешь горди́ться
он	горди́тся	он	горди́лся	он	бу́дет горди́ться
она́	горди́тся	она́	горди́лась	она́	бу́дет горди́ться
оно́	горди́тся	оно́	горди́лось	оно́	бу́дет горди́ться
мы	горди́мся	мы	горди́лись	мы	бу́дем горди́ться
вы	горди́тесь	вы	горди́лись	вы	бу́дете горди́ться
они́	горди́тся	они́	горди́лись	они́	бу́дут горди́ться

KONJUNKTIV

я	горди́лся / горди́лась бы
ты	горди́лся / горди́лась бы
он	горди́лся бы
она́	горди́лась бы
оно́	горди́лось бы
мы	горди́лись бы
вы	горди́лись бы
они́	горди́лись бы

PARTIZIPIEN

AP Präsens	горда́сь
P Präs. Aktiv	горди́щийся
P Prät. Aktiv	горди́вшийся

IMPERATIV

Горди́сь!
Горди́тесь!

PERFEKTIV
—

горе́ть
brennen

INDIKATIV

Präsens		Präteritum		Futur / IMPF		
я	горю́	я	горе́л / горе́ла	я	бу́ду	горе́ть
ты	гори́шь	ты	горе́л / горе́ла	ты	бу́дешь	горе́ть
он	гори́т	он	горе́л	он	бу́дет	горе́ть
она́	гори́т	она́	горе́ла	она́	бу́дет	горе́ть
оно́	гори́т	оно́	горе́ло	оно́	бу́дет	горе́ть
мы	гори́м	мы	горе́ли	мы	бу́дем	горе́ть
вы	гори́те	вы	горе́ли	вы	бу́дете	горе́ть
они́	горя́т	они́	горе́ли	они́	бу́дут	горе́ть

KONJUNKTIV

я	горе́л / горе́ла бы
ты	горе́л / горе́ла бы
он	горе́л бы
она́	горе́ла бы
оно́	горе́ло бы
мы	горе́ли бы
вы	горе́ли бы
они́	горе́ли бы

PARTIZIPIEN

AP	Präsens	горя́
P	Präs. Aktiv	горя́щий
P	Prät. Aktiv	горе́вший

IMPERATIV

Гори́!
Гори́те!

PERFEKTIV

сгоре́ть

гото́вить
1. vorbereiten; 2. kochen

INDIKATIV

Präsens		Präteritum		Futur / IMPF		
я	гото́влю	я	гото́вил / гото́вила	я	бу́ду	гото́вить
ты	гото́вишь	ты	гото́вил / гото́вила	ты	бу́дешь	гото́вить
он	гото́вит	он	гото́вил	он	бу́дет	гото́вить
она́	гото́вит	она́	гото́вила	она́	бу́дет	гото́вить
оно́	гото́вит	оно́	гото́вило	оно́	бу́дет	гото́вить
мы	гото́вим	мы	гото́вили	мы	бу́дем	гото́вить
вы	гото́вите	вы	гото́вили	вы	бу́дете	гото́вить
они́	гото́вят	они́	гото́вили	они́	бу́дут	гото́вить

KONJUNKTIV

я	гото́вил / гото́вила бы
ты	гото́вил / гото́вила бы
он	гото́вил бы
она́	гото́вила бы
оно́	гото́вило бы
мы	гото́вили бы
вы	гото́вили бы
они́	гото́вили бы

PARTIZIPIEN

AP	Präsens	гото́вя
P	Präs. Aktiv	гото́вящий
P	Prät. Aktiv	гото́вивший

IMPERATIV

Гото́вь!
Гото́вьте!

PERFEKTIV

1. подгото́вить
2. пригото́вить

Imperfektives Verb

грозить
drohen

INDIKATIV

Präsens		**Präteritum**		**Futur** / IMPF		
я	грожу́	я	грози́л / грози́ла	я	бу́ду	грози́ть
ты	грози́шь	ты	грози́л / грози́ла	ты	бу́дешь	грози́ть
он	грози́т	он	грози́л	он	бу́дет	грози́ть
она́	грози́т	она́	грози́ла	она́	бу́дет	грози́ть
оно́	грози́т	оно́	грози́ло	оно́	бу́дет	грози́ть
мы	грози́м	мы	грози́ли	мы	бу́дем	грози́ть
вы	грози́те	вы	грози́ли	вы	бу́дете	грози́ть
они́	грозя́т	они́	грози́ли	они́	бу́дут	грози́ть

KONJUNKTIV

я	грози́л / грози́ла бы
ты	грози́л / грози́ла бы
он	грози́л бы
она́	грози́ла бы
оно́	грози́ло бы
мы	грози́ли бы
вы	грози́ли бы
они́	грози́ли бы

PARTIZIPIEN

AP	**Präsens**	грозя́
P	**Präs. Aktiv**	грозя́щий
P	**Prät. Aktiv**	грози́вший

IMPERATIV

Грози́!
Грози́те!

PERFEKTIV

погрози́ть
пригрози́ть

Imperfektives Verb

гуля́ть
spazieren gehen

INDIKATIV

Präsens		**Präteritum**		**Futur** / IMPF		
я	гуля́ю	я	гуля́л / гуля́ла	я	бу́ду	гуля́ть
ты	гуля́ешь	ты	гуля́л / гуля́ла	ты	бу́дешь	гуля́ть
он	гуля́ет	он	гуля́л	он	бу́дет	гуля́ть
она́	гуля́ет	она́	гуля́ла	она́	бу́дет	гуля́ть
оно́	гуля́ет	оно́	гуля́ло	оно́	бу́дет	гуля́ть
мы	гуля́ем	мы	гуля́ли	мы	бу́дем	гуля́ть
вы	гуля́ете	вы	гуля́ли	вы	бу́дете	гуля́ть
они́	гуля́ют	они́	гуля́ли	они́	бу́дут	гуля́ть

KONJUNKTIV

я	гуля́л / гуля́ла бы
ты	гуля́л / гуля́ла бы
он	гуля́л бы
она́	гуля́ла бы
оно́	гуля́ло бы
мы	гуля́ли бы
вы	гуля́ли бы
они́	гуля́ли бы

PARTIZIPIEN

AP	**Präsens**	гуля́я
P	**Präs. Aktiv**	гуля́ющий
P	**Prät. Aktiv**	гуля́вший

IMPERATIV

Гуля́й!
Гуля́йте!

PERFEKTIV

погуля́ть

давáть
geben

INDIKATIV

Präsens		Präteritum		Futur / IMPF		
я	даю́	я	давáл / давáла	я	бу́ду	давáть
ты	даёшь	ты	давáл / давáла	ты	бу́дешь	давáть
он	даёт	он	давáл	он	бу́дет	давáть
онá	даёт	онá	давáла	онá	бу́дет	давáть
онó	даёт	онó	давáло	онó	бу́дет	давáть
мы	даём	мы	давáли	мы	бу́дем	давáть
вы	даёте	вы	давáли	вы	бу́дете	давáть
они́	даю́т	они́	давáли	они́	бу́дут	давáть

KONJUNKTIV

я	давáл / давáла бы
ты	давáл / давáла бы
он	давáл бы
онá	давáла бы
онó	давáло бы
мы	давáли бы
вы	давáли бы
они́	давáли бы

PARTIZIPIEN

AP	Präsens	давáя
P	Präs. Passiv	даю́щий
P	Präs. Passiv	давáемый
P	Prät. Aktiv	давáвший

IMPERATIV

Давáй!
Давáйте!

PERFEKTIV

дать → **50**

дать
geben

INDIKATIV

Futur / PF		Präteritum	
я	дам	я	дал / далá
ты	дашь	ты	дал / далá
он	даст	он	дал
онá	даст	онá	далá
онó	даст	онó	далó
мы	дади́м	мы	дáли
вы	дади́те	вы	дáли
они́	даду́т	они́	дáли

KONJUNKTIV

я	дал / далá бы
ты	дал / далá бы
он	дал бы
онá	далá бы
онó	далó бы
мы	дáли бы
вы	дáли бы
они́	дáли бы

PARTIZIPIEN

AP	Präteritum	дав
P	Prät. Aktiv	дáвший
P	Prät. Passiv	дáнный
Kurzformen		дан
		данá
		данó
		даны́

IMPERATIV

Дай!
Дáйте!

IMPERFEKTIV

давáть → **49**

Imperfektives Verb

девáть
hintun, hinlegen

INDIKATIV

Präsens		**Präteritum**		**Futur** / IMPF	
я	девáю	я	девáл / девáла	я	бýду	девáть
ты	девáешь	ты	девáл / девáла	ты	бýдешь	девáть
он	девáет	он	девáл	он	бýдет	девáть
онá	девáет	онá	девáла	онá	бýдет	девáть
онó	девáет	онó	девáло	онó	бýдет	девáть
мы	девáем	мы	девáли	мы	бýдем	девáть
вы	девáете	вы	девáли	вы	бýдете	девáть
они́	девáют	они́	девáли	они́	бýдут	девáть

KONJUNKTIV

я	девáл / девáла бы
ты	девáл / девáла бы
он	девáл бы
онá	девáла бы
онó	девáло бы
мы	девáли бы
вы	девáли бы
они́	девáли бы

PARTIZIPIEN

AP	**Präsens**	девáя
P	**Präs. Aktiv**	девáющий
P	**Präs. Passiv**	девáемый
P	**Prät. Aktiv**	девáвший

IMPERATIV

Девáй!
Девáйте!

PERFEKTIV
деть → **55**

Imperfektives Verb

дéлать
machen, tun

INDIKATIV

Präsens		**Präteritum**		**Futur** / IMPF	
я	дéлаю	я	дéлал / дéлала	я	бýду	дéлать
ты	дéлаешь	ты	дéлал / дéлала	ты	бýдешь	дéлать
он	дéлает	он	дéлал	он	бýдет	дéлать
онá	дéлает	онá	дéлала	онá	бýдет	дéлать
онó	дéлает	онó	дéлало	онó	бýдет	дéлать
мы	дéлаем	мы	дéлали	мы	бýдем	дéлать
вы	дéлаете	вы	дéлали	вы	бýдете	дéлать
они́	дéлают	они́	дéлали	они́	бýдут	дéлать

KONJUNKTIV

я	дéла / дéла бы
ты	дéла / дéла бы
он	дéлал бы
онá	дéлала бы
онó	дéлало бы
мы	дéлали бы
вы	дéлали бы
они́	дéлали бы

PARTIZIPIEN

AP	**Präsens**	дéлая
P	**Präs. Aktiv**	дéлающий
P	**Präs. Passiv**	дéлаемый
P	**Prät. Aktiv**	дéлавший

IMPERATIV

Дéлай!
Дéлайте!

BESTIMMT
сдéлать
→ **162**

делить
teilen

INDIKATIV

Präsens		Präteritum		Futur / IMPF		
я	делю́	я	дели́л / дели́ла	я	бу́ду	дели́ть
ты	де́лишь	ты	дели́л / дели́ла	ты	бу́дешь	дели́ть
он	де́лит	он	дели́л	он	бу́дет	дели́ть
она́	де́лит	она́	дели́ла	она́	бу́дет	дели́ть
оно́	де́лит	оно́	дели́ло	оно́	бу́дет	дели́ть
мы	де́лим	мы	дели́ли	мы	бу́дем	дели́ть
вы	де́лите	вы	дели́ли	вы	бу́дете	дели́ть
они́	де́лят	они́	дели́ли	они́	бу́дут	дели́ть

KONJUNKTIV

я	дели́л / дели́лабы
ты	дели́л / дели́лабы
он	дели́л бы
она́	дели́ла бы
оно́	дели́ло бы
мы	дели́ли бы
вы	дели́ли бы
они́	дели́ли бы

PARTIZIPIEN

AP	Präsens	деля́
P	Präs. Aktiv	де́лящий
P	Präs. Passiv	дели́мый
P	Prät. Aktiv	дели́вший

IMPERATIV

Дели́!
Дели́те!

PERFEKTIV

подели́ть
раздели́ть

держа́ть
halten

INDIKATIV

Präsens		Präteritum		Futur / IMPF		
я	держу́	я	держа́л / держа́ла	я	бу́ду	держа́ть
ты	де́ржишь	ты	держа́л / держа́ла	ты	бу́дешь	держа́ть
он	де́ржит	он	держа́л	он	бу́дет	держа́ть
она́	де́ржит	она́	держа́ла	она́	бу́дет	держа́ть
оно́	де́ржит	оно́	держа́ло	оно́	бу́дет	держа́ть
мы	де́ржим	мы	держа́ли	мы	бу́дем	держа́ть
вы	де́ржите	вы	держа́ли	вы	бу́дете	держа́ть
они́	де́ржат	они́	держа́ли	они́	бу́дут	держа́ть

KONJUNKTIV

я	держа́л / держа́ла бы
ты	держа́л / держа́ла бы
он	держа́л бы
она́	держа́ла бы
оно́	держа́ло бы
мы	держа́ли бы
вы	держа́ли бы
они́	держа́ли бы

PARTIZIPIEN

AP	Präsens	держа́
P	Präs. Aktiv	держа́щий
P	Prät. Aktiv	держа́вший

IMPERATIV

Держи́!
Держи́те!

PERFEKTIV

подержа́ть

Perfektives Verb

деть
hintun, hinlegen

INDIKATIV

Futur / PF		**Präteritum**	
я	дéну	я	дел / дéла
ты	дéнешь	ты	дел / дéла
он	дéнет	он	дел
онá	дéнет	онá	дéла
онó	дéнет	онó	дéло
мы	дéнем	мы	дéли
вы	дéнете	вы	дéли
они́	дéнут	они́	дéли

KONJUNKTIV

я	дел / дéла бы
ты	дел / дéла бы
он	дел бы
онá	дéла бы
онó	дéло бы
мы	дéли бы
вы	дéли бы
они́	дéли бы

PARTIZIPIEN

AP	**Präteritum**	дéвши
P	**Prät. Aktiv**	дéвший
P	**Prät. Passiv**	дéтый
Kurzformen		дéт
		дéта
		дéто
		дéты

IMPERATIV

День!
Дéньте!

IMPERFEKTIV

девáть → **51**

Perfektives Verb

договори́ться
sich verabreden

INDIKATIV

Futur / PF		**Präteritum**	
я	договорю́сь	я	договори́лся / договори́лась
ты	договори́шься	ты	договори́лся / договори́лась
он	договори́тся	он	договори́лся
онá	договори́тся	онá	договори́лась
онó	договори́тся	онó	договори́лось
мы	договори́мся	мы	договори́лись
вы	договори́тесь	вы	договори́лись
они́	договоря́тся	они́	договори́лись

KONJUNKTIV

я	договори́лся/договори́лась бы
ты	договори́лся/договори́лась бы
он	договори́лся бы
онá	договори́лась бы
онó	договори́лось бы
мы	договори́лись бы
вы	договори́лись бы
они́	договори́лись бы

PARTIZIPIEN

AP	**Präteritum**	договори́вшись
P	**Prät. Aktiv**	договори́вшийся

IMPERATIV

Договори́сь!
Договори́тесь!

IMPERFEKTIV

догова́риваться

дра́ться
sich raufen

INDIKATIV

Präsens	Präteritum	Futur / IMPF
я деру́сь	я дра́лся / драла́сь	я бу́ду дра́ться
ты дерёшься	ты дра́лся / драла́сь	ты бу́дешь дра́ться
он дерётся	он дра́лся	он бу́дет дра́ться
она́ дерётся	она́ драла́сь	она́ бу́дет дра́ться
оно́ дерётся	оно́ дра́лось	оно́ бу́дет дра́ться
мы дерёмся	мы дра́лись	мы бу́дем дра́ться
вы дерётесь	вы дра́лись	вы бу́дете дра́ться
они́ деру́тся	они́ дра́лись	они́ бу́дут дра́ться

KONJUNKTIV

я дра́лся / драла́сь бы
ты дра́лся / драла́сь бы
он дра́лся бы
она́ драла́сь бы
оно́ дра́лось бы
мы дра́лись бы
вы дра́лись бы
они́ дра́лись бы

PARTIZIPIEN

AP Präsens деря́сь
P Präs. Aktiv деру́щийся
P Prät. Aktiv дра́вшийся

IMPERATIV

Дери́сь!
Дери́тесь!

PERFEKTIV
подра́ться

дуть
wehen, blasen

INDIKATIV

Präsens	Präteritum	Futur / IMPF
я ду́ю	я дул / ду́ла	я бу́ду дуть
ты ду́ешь	ты дул / ду́ла	ты бу́дешь дуть
он ду́ет	он дул	он бу́дет дуть
она́ ду́ет	она́ ду́ла	она́ бу́дет дуть
оно́ ду́ет	оно́ ду́ло	оно́ бу́дет дуть
мы ду́ем	мы ду́ли	мы бу́дем дуть
вы ду́ете	вы ду́ли	вы бу́дете дуть
они́ ду́ют	они́ ду́ли	они́ бу́дут дуть

KONJUNKTIV

я дул / ду́ла бы
ты дул / ду́ла бы
он дул бы
она́ ду́ла бы
оно́ ду́ло бы
мы ду́ли бы
вы ду́ли бы
они́ ду́ли бы

PARTIZIPIEN

AP Präsens ду́я
P Präs. Aktiv ду́ющий
P Prät. Aktiv ду́вший
P Prät. Passiv ду́тый (adj)

IMPERATIV

Дуй!
Ду́йте!

PERFEKTIV
ду́нуть

Imperfektives Verb

дыша́ть
atmen

Imperfektives Verb

INDIKATIV

Präsens		Präteritum		Futur / IMPF		
я	дышу́	я	дыша́л / дыша́ла	я	бу́ду	дыша́ть
ты	ды́шишь	ты	дыша́л / дыша́ла	ты	бу́дешь	дыша́ть
он	ды́шит	он	дыша́л	он	бу́дет	дыша́ть
она́	ды́шит	она́	дыша́ла	она́	бу́дет	дыша́ть
оно́	ды́шит	оно́	дыша́ло	оно́	бу́дет	дыша́ть
мы	ды́шим	мы	дыша́ли	мы	бу́дем	дыша́ть
вы	ды́шите	вы	дыша́ли	вы	бу́дете	дыша́ть
они́	ды́шат	они́	дыша́ли	они́	бу́дут	дыша́ть

KONJUNKTIV

я	дыша́л / дыша́ла бы
ты	дыша́л / дыша́ла бы
он	дыша́л бы
она́	дыша́ла бы
оно́	дыша́ло бы
мы	дыша́ли бы
вы	дыша́ли бы
они́	дыша́ли бы

PARTIZIPIEN

AP	Präsens	дыша́
P	Präs. Aktiv	ды́шащий
P	Prät. Aktiv	дыша́вший

IMPERATIV

Дыши́!
Дыши́те!

PERFEKTIV

подыша́ть

Imperfektives Verb

е́здить UNBEST
fahren

INDIKATIV

Präsens		Präteritum		Futur / IMPF		
я	е́зжу	я	е́здил / е́здила	я	бу́ду	е́здить
ты	е́здишь	ты	е́здил / е́здила	ты	бу́дешь	е́здить
он	е́здит	он	е́здил	он	бу́дет	е́здить
она́	е́здит	она́	е́здила	она́	бу́дет	е́здить
оно́	е́здит	оно́	е́здило	оно́	бу́дет	е́здить
мы	е́здим	мы	е́здили	мы	бу́дем	е́здить
вы	е́здите	вы	е́здили	вы	бу́дете	е́здить
они́	е́здят	они́	е́здили	они́	бу́дут	е́здить

KONJUNKTIV

я	е́здил / е́здила бы
ты	е́здил / е́здила бы
он	е́здил бы
она́	е́здила бы
оно́	е́здило бы
мы	е́здили бы
вы	е́здили бы
они́	е́здили бы

PARTIZIPIEN

AP	Präsens	е́здя
P	Präs. Aktiv	е́здящий
AP	Präteritum	е́здив
P	Prät. Aktiv	е́здивший

IMPERATIV

Е́зди!
Е́здите!

BESTIMMT

е́хать → **62**

есть
essen

INDIKATIV

Präsens		Präteritum		Futur / IMPF		
я	ем	я	ел / éла	я	бýду	есть
ты	ешь	ты	ел / éла	ты	бýдешь	есть
он	ест	он	ел	он	бýдет	есть
онá	ест	онá	éла	онá	бýдет	есть
онó	ест	онó	éло	онó	бýдет	есть
мы	едúм	мы	éли	мы	бýдем	есть
вы	едúте	вы	éли	вы	бýдете	есть
онú	едя́т	онú	éли	онú	бýдут	есть

KONJUNKTIV

я	ел / éла	бы
ты	ел / éла	бы
он	ел	бы
онá	éла	бы
онó	éло	бы
мы	éли	бы
вы	éли	бы
онú	éли	бы

PARTIZIPIEN

P	Präs. Aktiv	едя́щий
AP	Präteritum	éвши
P	Prät. Aktiv	éвший

IMPERATIV

Éшь!
Éшьте!

PERFEKTIV

съесть

éхать BEST
fahren

INDIKATIV

Präsens		Präteritum		Futur / IMPF		
я	éду	я	éхал / éхала	я	бýду	éхать
ты	éдешь	ты	éхал / éхала	ты	бýдешь	éхать
он	éдет	он	éхал	он	бýдет	éхать
онá	éдет	онá	éхала	онá	бýдет	éхать
онó	éдет	онó	éхало	онó	бýдет	éхать
мы	éдем	мы	éхали	мы	бýдем	éхать
вы	éдете	вы	éхали	вы	бýдете	éхать
онú	éдут	онú	éхали	онú	бýдут	éхать

KONJUNKTIV

я	éхал / éхала	бы
ты	éхал / éхала	бы
он	éхал	бы
онá	éхала	бы
онó	éхало	бы
мы	éхали	бы
вы	éхали	бы
онú	éхали	бы

PARTIZIPIEN

P	Präs. Aktiv	éдущий
AP	Präteritum	éхав
P	Prät. Aktiv	éхавший

IMPERATIV

Езжáй! oder
Поезжáй!
Езжáйте! oder
Поезжáйте!

UNBESTIMMT

éздить → **60**

жалéть
bedauern

INDIKATIV

Präsens	Präteritum	Futur / IMPF
я жалéю	я жалéл / жалéла	я бýду жалéть
ты жалéешь	ты жалéл / жалéла	ты бýдешь жалéть
он жалéет	он жалéл	он бýдет жалéть
онá жалéет	онá жалéла	онá бýдет жалéть
онó жалéет	онó жалéло	онó бýдет жалéть
мы жалéем	мы жалéли	мы бýдем жалéть
вы жалéете	вы жалéли	вы бýдете жалéть
они жалéют	они жалéли	они бýдут жалéть

KONJUNKTIV

я жалéл / жалéла бы
ты жалéл / жалéла бы
он жалéл бы
онá жалéла бы
онó жалéло бы
мы жалéли бы
вы жалéли бы
они жалéли бы

PARTIZIPIEN

AP	Präsens	жалéя
P	Präs. Aktiv	жалéющий
P	Präs. Passiv	жалéемый
P	Prät. Aktiv	жалéвший

IMPERATIV

Жалéй!
Жалéйте!

PERFEKTIV
пожалéть

жáловаться
sich beschweren, klagen

INDIKATIV

Präsens	Präteritum	Futur / IMPF
я жáлуюсь	я жáловался / жáловалась	я бýду жáловаться
ты жáлуешься	ты жáловался / жáловалась	ты бýдешь жáловаться
он жáлуется	он жáловался	он бýдет жáловаться
онá жáлуется	онá жáловалась	онá бýдет жáловаться
онó жáлуется	онó жáловалось	онó бýдет жáловаться
мы жáлуемся	мы жáловались	мы бýдем жáловаться
вы жáлуетесь	вы жáловались	вы бýдете жáловаться
они жáлуются	они жáловались	они бýдут жáловаться

KONJUNKTIV

я жáловался / жáловалась бы
ты жáловался / жáловалась бы
он жáловался бы
онá жáловалась бы
онó жáловалось бы
мы жáловались бы
вы жáловались бы
они жáловались бы

PARTIZIPIEN

AP	Präsens	жáлуясь
P	Präs. Aktiv	жáлующийся
P	Prät. Aktiv	жáловавшийся

IMPERATIV

Жáлуйся!
Жáлуйтесь!

PERFEKTIV
пожáловаться

жа́рить
braten

INDIKATIV

Präsens	Präteritum	Futur / IMPF
я жа́рю	я жа́рил / жа́рила	я бу́ду жа́рить
ты жа́ришь	ты жа́рил / жа́рила	ты бу́дешь жа́рить
он жа́рит	он жа́рил	он бу́дет жа́рить
она́ жа́рит	она́ жа́рила	она́ бу́дет жа́рить
оно́ жа́рит	оно́ жа́рило	оно́ бу́дет жа́рить
мы жа́рим	мы жа́рили	мы бу́дем жа́рить
вы жа́рите	вы жа́рили	вы бу́дете жа́рить
они́ жа́рят	они́ жа́рили	они́ бу́дут жа́рить

KONJUNKTIV

я жа́рил / жа́рила бы
ты жа́рил / жа́рила бы
он жа́рил бы
она́ жа́рила бы
оно́ жа́рило бы
мы жа́рили бы
вы жа́рили бы
они́ жа́рили бы

PARTIZIPIEN

AP	Präsens	жа́ря
P	Präs. Aktiv	жа́рящий
P	Prät. Aktiv	жа́ривший
P	Prät. Passiv	жа́реный (adj)

IMPERATIV

Жарь!
Жа́рьте!

PERFEKTIV

поджа́рить

ждать
warten

INDIKATIV

Präsens	Präteritum	Futur / IMPF
я жду	я ждал / ждала́	я бу́ду ждать
ты ждёшь	ты ждал / ждала́	ты бу́дешь ждать
он ждёт	он ждал	он бу́дет ждать
она́ ждёт	она́ ждала́	она́ бу́дет ждать
оно́ ждёт	оно́ жда́ло	оно́ бу́дет ждать
мы ждём	мы жда́ли	мы бу́дем ждать
вы ждёте	вы жда́ли	вы бу́дете ждать
они́ ждут	они́ жда́ли	они́ бу́дут ждать

KONJUNKTIV

я ждал / ждала́ бы
ты ждал / ждала́ бы
он ждал бы
она́ ждала́ бы
оно́ жда́ло бы
мы жда́ли бы
вы жда́ли бы
они́ жда́ли бы

PARTIZIPIEN

P	Präs. Aktiv	жду́щий
AP	Präteritum	ждав
P	Prät. Aktiv	жда́вший
P	Prät. Passiv	жда́нный

IMPERATIV

Жди!
Жди́те!

PERFEKTIV

—

Imperfektives Verb

жева́ть
kauen

INDIKATIV

Präsens		Präteritum		Futur / IMPF		
я	жую́	я	жева́л / жева́ла	я	бу́ду	жева́ть
ты	жуёшь	ты	жева́л / жева́ла	ты	бу́дешь	жева́ть
он	жуёт	он	жева́л	он	бу́дет	жева́ть
она́	жуёт	она́	жева́ла	она́	бу́дет	жева́ть
оно́	жуёт	оно́	жева́ло	оно́	бу́дет	жева́ть
мы	жуём	мы	жева́ли	мы	бу́дем	жева́ть
вы	жуёте	вы	жева́ли	вы	бу́дете	жева́ть
они́	жую́т	они́	жева́ли	они́	бу́дут	жева́ть

KONJUNKTIV

я	жева́л / жева́ла бы
ты	жева́л / жева́ла бы
он	жева́л бы
она́	жева́ла бы
оно́	жева́ло бы
мы	жева́ли бы
вы	жева́ли бы
они́	жева́ли бы

PARTIZIPIEN

AP	Präsens	жуя́
P	Präs. Aktiv	жую́щий
AP	Präteritum	жева́в
P	Prät. Aktiv	жева́вший
P	Prät. Passiv	жёванный

IMPERATIV

Жуй!
Жу́йте!

PERFEKTIV

сжева́ть

Imperfektives Verb

жить
leben

INDIKATIV

Präsens		Präteritum		Futur / IMPF		
я	живу́	я	жил / жила́	я	бу́ду	жить
ты	живёшь	ты	жил / жила́	ты	бу́дешь	жить
он	живёт	он	жил	он	бу́дет	жить
она́	живёт	она́	жила́	она́	бу́дет	жить
оно́	живёт	оно́	жи́ло	оно́	бу́дет	жить
мы	живём	мы	жи́ли	мы	бу́дем	жить
вы	живёте	вы	жи́ли	вы	бу́дете	жить
они́	живу́т	они́	жи́ли	они́	бу́дут	жить

KONJUNKTIV

я	жил / жила́ бы
ты	жил / жила́ бы
он	жил бы
она́	жила́ бы
оно́	жи́ло бы
мы	жи́ли бы
вы	жи́ли бы
они́	жи́ли бы

PARTIZIPIEN

AP	Präsens	живя́
P	Präs. Aktiv	живу́щий
P	Prät. Aktiv	жи́вший

IMPERATIV

Живи́!
Живи́те!

PERFEKTIV

—

забы́ть
vergessen

INDIKATIV

Futur / PF		Präteritum	
я	забу́ду	я	забы́л / забы́ла
ты	забу́дешь	ты	забы́л / забы́ла
он	забу́дет	он	забы́л
она́	забу́дет	она́	забы́ла
оно́	забу́дет	оно́	забы́ло
мы	забу́дем	мы	забы́ли
вы	забу́дете	вы	забы́ли
они́	забу́дут	они́	забы́ли

KONJUNKTIV

я	забы́л / забы́ла бы
ты	забы́л / забы́ла бы
он	забы́л бы
она́	забы́ла бы
оно́	забы́ло бы
мы	забы́ли бы
вы	забы́ли бы
они́	забы́ли бы

PARTIZIPIEN

AP	Präteritum	забы́в
P	Prät. Aktiv	забы́вший
P	Prät. Passiv	забы́тый
Kurzformen		забы́т
		забы́та
		забы́то
		забы́ты

IMPERATIV

Забу́дь!
Забу́дьте!

IMPERFEKTIV

забыва́ть

зави́сеть
abhängen

INDIKATIV

Präsens		Präteritum		Futur / IMPF	
я	зави́шу	я	зави́сел / зави́села	я	бу́ду зави́сеть
ты	зави́сишь	ты	зави́сел / зави́села	ты	бу́дешь зави́сеть
он	зави́сит	он	зави́сел	он	бу́дет зави́сеть
она́	зави́сит	она́	зави́села	она́	бу́дет зави́сеть
оно́	зави́сит	оно́	зави́село	оно́	бу́дет зави́сеть
мы	зави́сим	мы	зави́сели	мы	бу́дем зави́сеть
вы	зави́сите	вы	зави́сели	вы	бу́дете зави́сеть
они́	зави́сят	они́	зави́сели	они́	бу́дут зави́сеть

KONJUNKTIV

я	зави́сел / зави́села бы
ты	зави́сел / зави́села бы
он	зави́сел бы
она́	зави́села бы
оно́	зави́село бы
мы	зави́сели бы
вы	зави́сели бы
они́	зави́сели бы

PARTIZIPIEN

AP	Präsens	зави́ся
P	Präs. Aktiv	зави́сящий
P	Prät. Aktiv	зави́севший

IMPERATIV

—

PERFEKTIV

—

Perfektives Verb

заказа́ть
bestellen

INDIKATIV

Futur / PF | **Präteritum**

	Futur		Präteritum
я	закажу́	я	заказа́л / заказа́ла
ты	зака́жешь	ты	заказа́л / заказа́ла
он	зака́жет	он	заказа́л
она́	зака́жет	она́	заказа́ла
оно́	зака́жет	оно́	заказа́ло
мы	зака́жем	мы	заказа́ли
вы	зака́жете	вы	заказа́ли
они́	зака́жут	они́	заказа́ли

KONJUNKTIV

я	заказа́л / заказа́ла	бы
ты	заказа́л / заказа́ла	бы
он	заказа́л бы
она́	заказа́ла бы
оно́	заказа́ло бы
мы	заказа́ли бы
вы	заказа́ли бы
они́	заказа́ли бы

PARTIZIPIEN

AP **Präteritum**	заказа́в
P **Prät. Aktiv**	заказа́вший
P **Prät. Passiv**	зака́занный
Kurzformen	зака́зан
	зака́зана
	зака́зано
	зака́заны

IMPERATIV

Закажи́!
Закажи́те!

IMPERFEKTIV
зака́зывать

Perfektives Verb

закры́ть
schließen

INDIKATIV

Futur / PF | **Präteritum**

	Futur		Präteritum
я	закро́ю	я	закры́л / закры́ла
ты	закро́ешь	ты	закры́л / закры́ла
он	закро́ет	он	закры́л
она́	закро́ет	она́	закры́ла
оно́	закро́ет	оно́	закры́ло
мы	закро́ем	мы	закры́ли
вы	закро́ете	вы	закры́ли
они́	закро́ют	они́	закры́ли

KONJUNKTIV

я	закры́л / закры́ла	бы
ты	закры́л / закры́ла	бы
он	закры́л бы
она́	закры́ла бы
оно́	закры́ло бы
мы	закры́ли бы
вы	закры́ли бы
они́	закры́ли бы

PARTIZIPIEN

AP **Präteritum**	закры́в
P **Prät. Aktiv**	закры́вший
P **Prät. Passiv**	закры́тый
Kurzformen	закры́т
	закры́та
	закры́то
	закры́ты

IMPERATIV

Закро́й!
Закро́йте!

IMPERFEKTIV
закрыва́ть

защити́ть
(be)schützen

INDIKATIV

Futur / PF		Präteritum	
я	защищу́	я	защити́л / защити́ла
ты	защити́шь	ты	защити́л / защити́ла
он	защити́т	он	защити́л
она́	защити́т	она́	защити́ла
оно́	защити́т	оно́	защити́ло
мы	защити́м	мы	защити́ли
вы	защити́те	вы	защити́ли
они́	защитя́т	они́	защити́ли

KONJUNKTIV

я	защити́л / защити́ла бы
ты	защити́л / защити́ла бы
он	защити́л бы
она́	защити́ла бы
оно́	защити́ло бы
мы	защити́ли бы
вы	защити́ли бы
они́	защити́ли бы

PARTIZIPIEN

AP Präteritum	защити́в
P Prät. Aktiv	защити́вший
P Prät. Passiv	защищённый
Kurzformen	защищён
	защищена́
	защищено́
	защищены́

IMPERATIV

Защити́!
Защити́те!

IMPERFEKTIV
защища́ть

звать
rufen

INDIKATIV

Präsens		Präteritum		Futur / IMPF		
я	зову́	я	звал / звала́	я	бу́ду	звать
ты	зовёшь	ты	звал / звала́	ты	бу́дешь	звать
он	зовёт	он	звал	он	бу́дет	звать
она́	зовёт	она́	звала́	она́	бу́дет	звать
оно́	зовёт	оно́	зва́ло	оно́	бу́дет	звать
мы	зовём	мы	зва́ли	мы	бу́дем	звать
вы	зовёте	вы	зва́ли	вы	бу́дете	звать
они́	зову́т	они́	зва́ли	они́	бу́дут	звать

KONJUNKTIV

я	звал / звала́ бы
ты	звал / звала́ бы
он	звал бы
она́	звала́ бы
оно́	зва́ло бы
мы	зва́ли бы
вы	зва́ли бы
они́	зва́ли бы

PARTIZIPIEN

AP Präsens	зовя́
P Präs. Aktiv	зову́щий
P Prät. Aktiv	зва́вший
P Prät. Passiv	зва́нный
Kurzformen	зван
	звана́
	зва́но
	зва́ны

IMPERATIV

Зови́!
Зови́те!

PERFEKTIV
позва́ть

Imperfektives Verb

ЗВОНИ́ТЬ
anrufen; läuten

INDIKATIV

Präsens		Präteritum		Futur / IMPF		
я	звоню́	я	звони́л / звони́ла	я	бу́ду	звони́ть
ты	звони́шь	ты	звони́л / звони́ла	ты	бу́дешь	звони́ть
он	звони́т	он	звони́л	он	бу́дет	звони́ть
она́	звони́т	она́	звони́ла	она́	бу́дет	звони́ть
оно́	звони́т	оно́	звони́ло	оно́	бу́дет	звони́ть
мы	звони́м	мы	звони́ли	мы	бу́дем	звони́ть
вы	звони́те	вы	звони́ли	вы	бу́дете	звони́ть
они́	звоня́т	они́	звони́ли	они́	бу́дут	звони́ть

KONJUNKTIV

я	звони́л / звони́ла бы
ты	звони́л / звони́ла бы
он	звони́л бы
она́	звони́лабы
оно́	звони́лобы
мы	звони́либы
вы	звони́либы
они́	звони́либы

PARTIZIPIEN

AP	Präsens	звоня́
P	Präs. Aktiv	звоня́щий
P	Prät. Aktiv	звони́вший

IMPERATIV

Звони́!
Звони́те!

PERFEKTIV

позвони́ть

Imperfektives Verb

знать
kennen, wissen

INDIKATIV

Präsens		Präteritum		Futur / IMPF		
я	зна́ю	я	знал / зна́ла	я	бу́ду	знать
ты	зна́ешь	ты	знал / зна́ла	ты	бу́дешь	знать
он	зна́ет	он	знал	он	бу́дет	знать
она́	зна́ет	она́	зна́ла	она́	бу́дет	знать
оно́	зна́ет	оно́	зна́ло	оно́	бу́дет	знать
мы	зна́ем	мы	зна́ли	мы	бу́дем	знать
вы	зна́ете	вы	зна́ли	вы	бу́дете	знать
они́	зна́ют	они́	зна́ли	они́	бу́дут	знать

KONJUNKTIV

я	знал / зна́ла бы
ты	знал / зна́ла бы
он	знал бы
она́	зна́ла бы
оно́	зна́ло бы
мы	зна́ли бы
вы	зна́ли бы
они́	зна́ли бы

PARTIZIPIEN

AP	Präsens	зна́я
P	Präs. Aktiv	зна́ющий
P	Präs. Passiv	зна́емый
AP	Präteritum	знав
P	Prät. Aktiv	зна́вший

IMPERATIV

Знай!
Зна́йте!

PERFEKTIV

узна́ть

игра́ть
spielen

INDIKATIV

Präsens		Präteritum		Futur / IMPF		
я	игра́ю	я	игра́л / игра́ла	я	бу́ду	игра́ть
ты	игра́ешь	ты	игра́л / игра́ла	ты	бу́дешь	игра́ть
он	игра́ет	он	игра́л	он	бу́дет	игра́ть
она́	игра́ет	она́	игра́ла	она́	бу́дет	игра́ть
оно́	игра́ет	оно́	игра́ло	оно́	бу́дет	игра́ть
мы	игра́ем	мы	игра́ли	мы	бу́дем	игра́ть
вы	игра́ете	вы	игра́ли	вы	бу́дете	игра́ть
они́	игра́ют	они́	игра́ли	они́	бу́дут	игра́ть

KONJUNKTIV

я	игра́л / игра́ла бы
ты	игра́л / игра́ла бы
он	игра́л бы
она́	игра́ла бы
оно́	игра́ло бы
мы	игра́ли бы
вы	игра́ли бы
они́	игра́ли бы

PARTIZIPIEN

AP	Präsens	игра́я
P	Präs. Aktiv	игра́ющий
P	Präs. Passiv	игра́емый
AP	Präteritum	игра́в
P	Prät. Aktiv	игра́вший

IMPERATIV

Игра́й!
Игра́йте!

PERFEKTIV

сыгра́ть

идти́ BEST
gehen

INDIKATIV

Präsens		Präteritum		Futur / IMPF		
я	иду́	я	шёл / шла	я	бу́ду	идти́
ты	идёшь	ты	шёл / шла	ты	бу́дешь	идти́
он	идёт	он	шёл	он	бу́дет	идти́
она́	идёт	она́	шла	она́	бу́дет	идти́
оно́	идёт	оно́	шло	оно́	бу́дет	идти́
мы	идём	мы	шли	мы	бу́дем	идти́
вы	идёте	вы	шли	вы	бу́дете	идти́
они́	иду́т	они́	шли	они́	бу́дут	идти́

KONJUNKTIV

я	шёл / шла бы
ты	шёл / шла бы
он	шёл бы
она́	шла бы
оно́	шло бы
мы	шли бы
вы	шли бы
они́	шли бы

PARTIZIPIEN

AP	Präsens	идя́
P	Präs. Aktiv	иду́щий
P	Prät. Aktiv	ше́дший

IMPERATIV

Иди́!
Иди́те!

UNBESTIMMT

ходи́ть → 198

Imperfektives Verb

интересова́ться
sich interessieren

INDIKATIV

Präsens		Präteritum		Futur / IMPF		
я	интересу́юсь	я	интересова́лся / интересова́лась	я	бу́ду	интересова́ться
ты	интересу́ешься	ты	интересова́лся / интересова́лась	ты	бу́дешь	интересова́ться
он	интересу́ется	он	интересова́лся	он	бу́дет	интересова́ться
она́	интересу́ется	она́	интересова́лась	она́	бу́дет	интересова́ться
оно́	интересу́ется	оно́	интересова́лось	оно́	бу́дет	интересова́ться
мы	интересу́емся	мы	интересова́лись	мы	бу́дем	интересова́ться
вы	интересу́етесь	вы	интересова́лись	вы	бу́дете	интересова́ться
они́	интересу́ются	они́	интересова́лись	они́	бу́дут	интересова́ться

KONJUNKTIV

я	интересова́лся / -лась бы
ты	интересова́лся / -лась бы
он	интересова́лся бы
она́	интересова́лась бы
оно́	интересова́лось бы
мы	интересова́лись бы
вы	интересова́лись бы
они́	интересова́лись бы

PARTIZIPIEN

AP Präsens	интересу́ясь
P Präs. Aktiv	интересу́ющийся
P Prät. Aktiv	интересова́вшийся

IMPERATIV

Интересу́йся!
Интересу́йтесь!

PERFEKTIV

**поинтересо-
ва́ться**

Imperfektives Verb

иска́ть
suchen

INDIKATIV

Präsens		Präteritum		Futur / IMPF		
я	ищу́	я	иска́л / иска́ла	я	бу́ду	иска́ть
ты	и́щешь	ты	иска́л / иска́ла	ты	бу́дешь	иска́ть
он	и́щет	он	иска́л	он	бу́дет	иска́ть
она́	и́щет	она́	иска́ла	она́	бу́дет	иска́ть
оно́	и́щет	оно́	иска́ло	оно́	бу́дет	иска́ть
мы	и́щем	мы	иска́ли	мы	бу́дем	иска́ть
вы	и́щете	вы	иска́ли	вы	бу́дете	иска́ть
они́	и́щут	они́	иска́ли	они́	бу́дут	иска́ть

KONJUNKTIV

я	иска́л / иска́ла бы
ты	иска́л / иска́ла бы
он	иска́л бы
она́	иска́ла бы
оно́	иска́ло бы
мы	иска́ли бы
вы	иска́ли бы
они́	иска́ли бы

PARTIZIPIEN

AP Präsens	ища́
P Präs. Aktiv	и́щущий
P Präs. Passiv	иско́мый
P Prät. Aktiv	иска́вший

IMPERATIV

Ищи́!
Ищи́те!

PERFEKTIV

поиска́ть

исчéзнуть
verschwinden

INDIKATIV

Futur / PF		**Präteritum**	
я	исчéзну	я	исчéз / исчéзла
ты	исчéзнешь	ты	исчéз / исчéзла
он	исчéзнет	он	исчéз
онá	исчéзнет	онá	исчéзла
онó	исчéзнет	онó	исчéзло
мы	исчéзнем	мы	исчéзли
вы	исчéзнете	вы	исчéзли
они́	исчéзнут	они́	исчéзли

KONJUNKTIV

я	исчéз / исчéзла	бы
ты	исчéз / исчéзла	бы
он	исчéз	бы
онá	исчéзла	бы
онó	исчéзло	бы
мы	исчéзли	бы
вы	исчéзли	бы
они́	исчéзли	бы

PARTIZIPIEN

AP	**Präteritum**	исчéзнув
P	**Prät. Aktiv**	исчéзнувший

IMPERATIV

Исчéзни!
Исчéзните!

IMPERFEKTIV
исчезáть

кати́ть BEST
wälzen, rollen

INDIKATIV

Präsens		**Präteritum**		**Futur** / IMPF	
я	качý	я	кати́л / кати́ла	я	бýду кати́ть
ты	кáтишь	ты	кати́л / кати́ла	ты	бýдешь кати́ть
он	кáтит	он	кати́л	он	бýдет кати́ть
онá	кáтит	онá	кати́ла	онá	бýдет кати́ть
онó	кáтит	онó	кати́ло	онó	бýдет кати́ть
мы	кáтим	мы	кати́ли	мы	бýдем кати́ть
вы	кáтите	вы	кати́ли	вы	бýдете кати́ть
они́	кáтят	они́	кати́ли	они́	бýдут кати́ть

KONJUNKTIV

я	кати́л / кати́ла бы
ты	кати́л / кати́ла бы
он	кати́л бы
онá	кати́ла бы
онó	кати́ло бы
мы	кати́ли бы
вы	кати́ли бы
они́	кати́ли бы

PARTIZIPIEN

AP	**Präsens**	катя́
P	**Präs. Aktiv**	катя́щий
P	**Prät. Aktiv**	кати́вший

IMPERATIV

Кати́!
Кати́те!

UNBESTIMMT
катáть

Imperfektives Verb

кипе́ть
kochen, sieden ITR

INDIKATIV

Präsens		Präteritum		Futur / IMPF		
я	киплю́	я	кипе́л / кипе́ла	я	бу́ду	кипе́ть
ты	кипи́шь	ты	кипе́л / кипе́ла	ты	бу́дешь	кипе́ть
он	кипи́т	он	кипе́л	он	бу́дет	кипе́ть
она́	кипи́т	она́	кипе́ла	она́	бу́дет	кипе́ть
оно́	кипи́т	оно́	кипе́ло	оно́	бу́дет	кипе́ть
мы	кипи́м	мы	кипе́ли	мы	бу́дем	кипе́ть
вы	кипи́те	вы	кипе́ли	вы	бу́дете	кипе́ть
они́	кипя́т	они́	кипе́ли	они́	бу́дут	кипе́ть

KONJUNKTIV

я	кипе́л / кипе́ла бы
ты	кипе́л / кипе́ла бы
он	кипе́л бы
она́	кипе́ла бы
оно́	кипе́ло бы
мы	кипе́ли бы
вы	кипе́ли бы
они́	кипе́ли бы

PARTIZIPIEN

AP	**Präsens**	кипя́
P	**Präs. Aktiv**	кипя́щий
P	**Prät. Aktiv**	кипе́вший

IMPERATIV

Кипи́!
Кипи́те!

PERFEKTIV

закипе́ть
вскипе́ть

Imperfektives Verb

кипяти́ть
(ab)kochen

INDIKATIV

Präsens		Präteritum		Futur / IMPF		
я	кипячу́	я	кипяти́л / кипяти́ла	я	бу́ду	кипяти́ть
ты	кипяти́шь	ты	кипяти́л / кипяти́ла	ты	бу́дешь	кипяти́ть
он	кипяти́т	он	кипяти́л	он	бу́дет	кипяти́ть
она́	кипяти́т	она́	кипяти́ла	она́	бу́дет	кипяти́ть
оно́	кипяти́т	оно́	кипяти́ло	оно́	бу́дет	кипяти́ть
мы	кипяти́м	мы	кипяти́ли	мы	бу́дем	кипяти́ть
вы	кипяти́те	вы	кипяти́ли	вы	бу́дете	кипяти́ть
они́	кипятя́т	они́	кипяти́ли	они́	бу́дут	кипяти́ть

KONJUNKTIV

я	кипяти́л / кипяти́ла бы
ты	кипяти́л / кипяти́ла бы
он	кипяти́л бы
она́	кипяти́ла бы
оно́	кипяти́ло бы
мы	кипяти́ли бы
вы	кипяти́ли бы
они́	кипяти́ли бы

PARTIZIPIEN

AP	**Präsens**	кипятя́
P	**Präs. Aktiv**	кипя́щий
P	**Präs. Passiv**	кипяти́мый
P	**Prät. Aktiv**	кипяти́вший
P	**Prät. Passiv**	кипячёный (adj)
	Kurzformen	кипячён
		кипячена́
		кипячено́
		кипячены́

IMPERATIV

Кипяти́!
Кипяти́те!

PERFEKTIV

вскипяти́ть

класть
legen

INDIKATIV

Präsens		Präteritum		Futur / IMPF		
я	кладу́	я	клал / кла́ла	я	бу́ду	класть
ты	кладёшь	ты	клал / кла́ла	ты	бу́дешь	класть
он	кладёт	он	клал	он	бу́дет	класть
она́	кладёт	она́	кла́ла	она́	бу́дет	класть
оно́	кладёт	оно́	кла́ло	оно́	бу́дет	класть
мы	кладём	мы	кла́ли	мы	бу́дем	класть
вы	кладёте	вы	кла́ли	вы	бу́дете	класть
они́	кладу́т	они́	кла́ли	они́	бу́дут	класть

KONJUNKTIV

я	клал / кла́ла бы
ты	клал / кла́ла бы
он	клал бы
она́	кла́ла бы
оно́	кла́ло бы
мы	кла́ли бы
вы	кла́ли бы
они́	кла́ли бы

PARTIZIPIEN

AP	**Präsens**	кладя́
P	**Präs. Aktiv**	кладу́щий
P	**Prät. Aktiv**	кла́вший

IMPERATIV

Клади́!
Клади́те!

PERFEKTIV

положи́ть
→ **142**

клева́ть
picken

INDIKATIV

Präsens		Präteritum		Futur / IMPF		
я	клюю́	я	клева́л / клева́ла	я	бу́ду	клева́ть
ты	клюёшь	ты	клева́л / клева́ла	ты	бу́дешь	клева́ть
он	клюёт	он	клева́л	он	бу́дет	клева́ть
она́	клюёт	она́	клева́ла	она́	бу́дет	клева́ть
оно́	клюёт	оно́	клева́ло	оно́	бу́дет	клева́ть
мы	клюём	мы	клева́ли	мы	бу́дем	клева́ть
вы	клюёте	вы	клева́ли	вы	бу́дете	клева́ть
они́	клюю́т	они́	клева́ли	они́	бу́дут	клева́ть

KONJUNKTIV

я	клева́л / клева́ла бы
ты	клева́л / клева́ла бы
он	клева́л бы
она́	клева́ла бы
оно́	клева́ло бы
мы	клева́ли бы
вы	клева́ли бы
они́	клева́ли бы

PARTIZIPIEN

AP	**Präsens**	клюя́
P	**Präs. Aktiv**	клюю́щий
P	**Prät. Aktiv**	клева́вший

IMPERATIV

Клюй!
Клю́йте!

PERFEKTIV

клю́нуть

ковáть
schmieden

INDIKATIV

Präsens	Präteritum	Futur / IMPF
я кую́	я ковáл / ковáла	я бýду ковáть
ты куёшь	ты ковáл / ковáла	ты бýдешь ковáть
он куёт	он ковáл	он бýдет ковáть
онá куёт	онá ковáла	онá бýдет ковáть
онó куёт	онó ковáло	онó бýдет ковáть
мы куём	мы ковáли	мы бýдем ковáть
вы куёте	вы ковáли	вы бýдете ковáть
они́ кую́т	они́ ковáли	они́ бýдут ковáть

KONJUNKTIV

	PARTIZIPIEN		IMPERATIV
я ковáл / ковáла бы	AP Präsens	куя́	Куй!
ты ковáл / ковáла бы	P Präs. Aktiv	кую́щий	Кýйте!
он ковáл бы	P Prät. Aktiv	ковáвший	
онá ковáла бы	P Prät. Passiv	кóваный (adj)	
онó ковáло бы			PERFEKTIV
мы ковáли бы			**сковáть**
вы ковáли бы			
они́ ковáли бы			

колóть
1. stechen; 2. spalten

INDIKATIV

Präsens	Präteritum	Futur / IMPF
я колю́	я колóл / колóла	я бýду колóть
ты кóлешь	ты колóл / колóла	ты бýдешь колóть
он кóлет	он колóл	он бýдет колóть
онá кóлет	онá колóла	онá бýдет колóть
онó кóлет	онó колóло	онó бýдет колóть
мы кóлем	мы колóли	мы бýдем колóть
вы кóлете	вы колóли	вы бýдете колóть
они́ кóлют	они́ колóли	они́ бýдут колóть

KONJUNKTIV

	PARTIZIPIEN		IMPERATIV
я колóл / колóла бы	AP Präsens	коля́	Коли́!
ты колóл / колóла бы	P Präs. Aktiv	кóлющий	Коли́те!
он колóл бы	P Prät. Aktiv	колóвший	
онá колóла бы	P Prät. Passiv	кóлотый	
онó колóло бы			PERFEKTIV
мы колóли бы			**кольнýть**
вы колóли бы			**уколóть**
они́ колóли бы			

кончить
aufhören, beenden

INDIKATIV

Futur / PF		Präteritum	
я	кончу	я	кончил / кончила
ты	кончишь	ты	кончил / кончила
он	кончит	он	кончил
она	кончит	она	кончила
оно	кончит	оно	кончило
мы	кончим	мы	кончили
вы	кончите	вы	кончили
они	кончат	они	кончили

KONJUNKTIV

я	кончил / кончила	бы
ты	кончил / кончила	бы
он	кончил	бы
она	кончила бы	
оно	кончило бы	
мы	кончили бы	
вы	кончили бы	
они	кончили бы	

PARTIZIPIEN

AP	Präteritum	кончив
P	Prät. Aktiv	кончивший
P	Prät. Passiv	конченый (adj)

IMPERATIV

Кончи!
Кончите!

IMPERFEKTIV

кончать

копать
graben

INDIKATIV

Präsens		Präteritum		Futur / IMPF	
я	копаю	я	копал / копала	я	буду копать
ты	копаешь	ты	копал / копала	ты	будешь копать
он	копает	он	копал	он	будет копать
она	копает	она	копала	она	будет копать
оно	копает	оно	копало	оно	будет копать
мы	копаем	мы	копали	мы	будем копать
вы	копаете	вы	копали	вы	будете копать
они	копают	они	копали	они	будут копать

KONJUNKTIV

я	копал / копала	бы
ты	копал / копала	бы
он	копал	бы
она	копала бы	
оно	копало бы	
мы	копали бы	
вы	копали бы	
они	копали бы	

PARTIZIPIEN

AP	Präsens	копая
P	Präs. Aktiv	копающий
P	Präs. Passiv	копаемый
P	Prät. Aktiv	копавший

IMPERATIV

Копай!
Копайте!

PERFEKTIV

выкопать

Imperfektives Verb

копи́ть
ansammeln

INDIKATIV

Präsens		Präteritum		Futur / IMPF		
я	коплю́	я	копи́л / копи́ла	я	бу́ду	копи́ть
ты	ко́пишь	ты	копи́л / копи́ла	ты	бу́дешь	копи́ть
он	ко́пит	он	копи́л	он	бу́дет	копи́ть
она́	ко́пит	она́	копи́ла	она́	бу́дет	копи́ть
оно́	ко́пит	оно́	копи́ло	оно́	бу́дет	копи́ть
мы	ко́пим	мы	копи́ли	мы	бу́дем	копи́ть
вы	ко́пите	вы	копи́ли	вы	бу́дете	копи́ть
они́	ко́пят	они́	копи́ли	они́	бу́дут	копи́ть

KONJUNKTIV

я	копи́л / копи́ла бы
ты	копи́л / копи́ла бы
он	копи́л бы
она́	копи́ла бы
оно́	копи́ло бы
мы	копи́ли бы
вы	копи́ли бы
они́	копи́ли бы

PARTIZIPIEN

AP	Präsens	копя́
P	Präs. Aktiv	копя́щий
P	Präs. Passiv	копи́мый
P	Prät. Aktiv	копи́вший
P	Prät. Passiv	ко́пленный

IMPERATIV

Копи́!
Копи́те!

PERFEKTIV

накопи́ть
скопи́ть

Imperfektives Verb

красть
stehlen

INDIKATIV

Präsens		Präteritum		Futur / IMPF		
я	краду́	я	крал / кра́ла	я	бу́ду	красть
ты	крадёшь	ты	крал / кра́ла	ты	бу́дешь	красть
он	крадёт	он	крал	он	бу́дет	красть
она́	крадёт	она́	кра́ла	она́	бу́дет	красть
оно́	крадёт	оно́	кра́ло	оно́	бу́дет	красть
мы	крадём	мы	кра́ли	мы	бу́дем	красть
вы	крадёте	вы	кра́ли	вы	бу́дете	красть
они́	краду́т	они́	кра́ли	они́	бу́дут	красть

KONJUNKTIV

я	крал / кра́ла бы
ты	крал / кра́ла бы
он	крал бы
она́	кра́ла бы
оно́	кра́ло бы
мы	кра́ли бы
вы	кра́ли бы
они́	кра́ли бы

PARTIZIPIEN

AP	Präsens	крадя́
P	Präs. Aktiv	краду́щий
P	Prät. Aktiv	кра́вший
P	Prät. Passiv	кра́деный (adj)

IMPERATIV

Кради́!
Кради́те!

PERFEKTIV

укра́сть

кричáть
schreien, rufen

INDIKATIV

Präsens		Präteritum		Futur / IMPF	
я	кричý	я	кричáл / кричáла	я	бýду	кричáть
ты	кричи́шь	ты	кричáл / кричáла	ты	бýдешь	кричáть
он	кричи́т	он	кричáл	он	бýдет	кричáть
онá	кричи́т	онá	кричáла	онá	бýдет	кричáть
онó	кричи́т	онó	кричáло	онó	бýдет	кричáть
мы	кричи́м	мы	кричáли	мы	бýдем	кричáть
вы	кричи́те	вы	кричáли	вы	бýдете	кричáть
они́	кричáт	они́	кричáли	они́	бýдут	кричáть

KONJUNKTIV

я	кричáл / кричáла бы
ты	кричáл / кричáла бы
он	кричáл бы
онá	кричáла бы
онó	кричáло бы
мы	кричáли бы
вы	кричáли бы
они́	кричáли бы

PARTIZIPIEN

AP	Präsens	кричá
P	Präs. Aktiv	кричáщий
P	Prät. Aktiv	кричáвший

IMPERATIV

Кричи́!
Кричи́те!

PERFEKTIV
кри́кнуть

купи́ть
kaufen

INDIKATIV

Futur / PF		Präteritum	
я	куплю́	я	купи́л / купи́ла
ты	кýпишь	ты	купи́л / купи́ла
он	кýпит	он	купи́л
онá	кýпит	онá	купи́ла
онó	кýпит	онó	купи́ло
мы	кýпим	мы	купи́ли
вы	кýпите	вы	купи́ли
они́	кýпят	они́	купи́ли

KONJUNKTIV

я	купи́л / купи́ла бы
ты	купи́л / купи́ла бы
он	купи́л бы
онá	купи́ла бы
онó	купи́ло бы
мы	купи́ли бы
вы	купи́ли бы
они́	купи́ли бы

PARTIZIPIEN

AP	Präteritum	купи́в
P	Prät. Aktiv	купи́вший
P	Prät. Passiv	кýпленный
Kurzformen		кýплен
		кýплена
		кýплено
		кýплены

IMPERATIV

Купи́!
Купи́те!

IMPERFEKTIV
покупáть

Imperfektives Verb

курить
rauchen

INDIKATIV

Präsens		Präteritum		Futur / IMPF	
я	курю́	я	кури́л / кури́ла	я	бу́ду	кури́ть
ты	ку́ришь	ты	кури́л / кури́ла	ты	бу́дешь	кури́ть
он	ку́рит	он	кури́л	он	бу́дет	кури́ть
она́	ку́рит	она́	кури́ла	она́	бу́дет	кури́ть
оно́	ку́рит	оно́	кури́ло	оно́	бу́дет	кури́ть
мы	ку́рим	мы	кури́ли	мы	бу́дем	кури́ть
вы	ку́рите	вы	кури́ли	вы	бу́дете	кури́ть
они́	ку́рят	они́	кури́ли	они́	бу́дут	кури́ть

KONJUNKTIV

я	кури́л / кури́ла бы
ты	кури́л / кури́ла бы
он	кури́л бы
она́	кури́ла бы
оно́	кури́ло бы
мы	кури́ли бы
вы	кури́ли бы
они́	кури́ли бы

PARTIZIPIEN

AP	Präsens	куря́
P	Präs. Aktiv	куря́щий
P	Prät. Aktiv	кури́вший

IMPERATIV

Кури́!
Кури́те!

PERFEKTIV

покури́ть

Imperfektives Verb

куса́ть
beißen, stechen

INDIKATIV

Präsens		Präteritum		Futur / IMPF	
я	куса́ю	я	куса́л / куса́ла	я	бу́ду	куса́ть
ты	куса́ешь	ты	куса́л / куса́ла	ты	бу́дешь	куса́ть
он	куса́ет	он	куса́л	он	бу́дет	куса́ть
она́	куса́ет	она́	куса́ла	она́	бу́дет	куса́ть
оно́	куса́ет	оно́	куса́ло	оно́	бу́дет	куса́ть
мы	куса́ем	мы	куса́ли	мы	бу́дем	куса́ть
вы	куса́ете	вы	куса́ли	вы	бу́дете	куса́ть
они́	куса́ют	они́	куса́ли	они́	бу́дут	куса́ть

KONJUNKTIV

я	куса́л / куса́ла бы
ты	куса́л / куса́ла бы
он	куса́л бы
она́	куса́ла бы
оно́	куса́ло бы
мы	куса́ли бы
вы	куса́ли бы
они́	куса́ли бы

PARTIZIPIEN

AP	Präsens	куса́я
P	Präs. Aktiv	куса́ющий
P	Prät. Aktiv	куса́вший

IMPERATIV

Куса́й!
Куса́йте!

PERFEKTIV

укуси́ть

ла́зить UNBEST
klettern

INDIKATIV

Präsens		Präteritum		Futur / IMPF	
я	ла́жу	я	ла́зил / ла́зила	я	бу́ду ла́зить
ты	ла́зишь	ты	ла́зил / ла́зила	ты	бу́дешь ла́зить
он	ла́зит	он	ла́зил	он	бу́дет ла́зить
она́	ла́зит	она́	ла́зила	она́	бу́дет ла́зить
оно́	ла́зит	оно́	ла́зило	оно́	бу́дет ла́зить
мы	ла́зим	мы	ла́зили	мы	бу́дем ла́зить
вы	ла́зите	вы	ла́зили	вы	бу́дете ла́зить
они́	ла́зят	они́	ла́зили	они́	бу́дут ла́зить

KONJUNKTIV

я	ла́зил / ла́зила бы
ты	ла́зил / ла́зила бы
он	ла́зил бы
она́	ла́зила бы
оно́	ла́зило бы
мы	ла́зили бы
вы	ла́зили бы
они́	ла́зили бы

PARTIZIPIEN

AP	Präsens	ла́зя
P	Präs. Aktiv	ла́зящий
P	Prät. Aktiv	ла́зивший

IMPERATIV

Лазь!
Ла́зьте!

BESTIMMT

лезть → **100**

лгать
lügen

INDIKATIV

Präsens		Präteritum		Futur / IMPF	
я	лгу	я	лгал / лгала́	я	бу́ду лгать
ты	лжёшь	ты	лгал / лгала́	ты	бу́дешь лгать
он	лжёт	он	лгал	он	бу́дет лгать
она́	лжёт	она́	лгала́	она́	бу́дет лгать
оно́	лжёт	оно́	лга́ло	оно́	бу́дет лгать
мы	лжём	мы	лга́ли	мы	бу́дем лгать
вы	лжёте	вы	лга́ли	вы	бу́дете лгать
они́	лгут	они́	лга́ли	они́	бу́дут лгать

KONJUNKTIV

я	лгал / лгала́ бы
ты	лгал / лгала́ бы
он	лгал бы
она́	лгала́ бы
оно́	лга́ло бы
мы	лга́ли бы
вы	лга́ли бы
они́	лга́ли бы

PARTIZIPIEN

P	Präs. Aktiv	лгу́щий
P	Prät. Aktiv	лга́вший

IMPERATIV

Лги!
Лги́те!

PERFEKTIV

солга́ть

лежа́ть
liegen

INDIKATIV

Präsens		Präteritum		Futur / IMPF	
я	лежу́	я	лежа́л / лежа́ла	я	бу́ду	лежа́ть
ты	лежи́шь	ты	лежа́л / лежа́ла	ты	бу́дешь	лежа́ть
он	лежи́т	он	лежа́л	он	бу́дет	лежа́ть
она́	лежи́т	она́	лежа́ла	она́	бу́дет	лежа́ть
оно́	лежи́т	оно́	лежа́ло	оно́	бу́дет	лежа́ть
мы	лежи́м	мы	лежа́ли	мы	бу́дем	лежа́ть
вы	лежи́те	вы	лежа́ли	вы	бу́дете	лежа́ть
они́	лежа́т	они́	лежа́ли	они́	бу́дут	лежа́ть

KONJUNKTIV

я	лежа́л / лежа́ла бы
ты	лежа́л / лежа́ла бы
он	лежа́л бы
она́	лежа́ла бы
оно́	лежа́ло бы
мы	лежа́ли бы
вы	лежа́ли бы
они́	лежа́ли бы

PARTIZIPIEN

AP	Präsens	лёжа
P	Präs. Aktiv	лежа́щий
P	Prät. Passiv	лежа́вший

IMPERATIV

Лежи́!
Лежи́те!

PERFEKTIV

—

лезть BEST
klettern

INDIKATIV

Präsens		Präteritum		Futur / IMPF	
я	ле́зу	я	лез / ле́зла	я	бу́ду	лезть
ты	ле́зешь	ты	лез / ле́зла	ты	бу́дешь	лезть
он	ле́зет	он	лез	он	бу́дет	лезть
она́	ле́зет	она́	ле́зла	она́	бу́дет	лезть
оно́	ле́зет	оно́	ле́зло	оно́	бу́дет	лезть
мы	ле́зем	мы	ле́зли	мы	бу́дем	лезть
вы	ле́зете	вы	ле́зли	вы	бу́дете	лезть
они́	ле́зут	они́	ле́зли	они́	бу́дут	лезть

KONJUNKTIV

я	лез / ле́зла бы
ты	лез / ле́зла бы
он	лез бы
она́	ле́зла бы
оно́	ле́зло бы
мы	ле́зли бы
вы	ле́зли бы
они́	ле́зли бы

PARTIZIPIEN

| P | Präs. Aktiv | ле́зущий |
| P | Prät. Aktiv | ле́зший |

IMPERATIV

Лезь!
Ле́зьте!

UNBESTIMMT

ла́зить → **97**

ленйться
faulenzen

INDIKATIV

Präsens		Präteritum		Futur / IMPF	
я	ленюсь	я	ленйлся / ленйлась	я	буду	ленйться
ты	лéнишься	ты	ленйлся / ленйлась	ты	будешь	ленйться
он	лéнится	он	ленйлся	он	будет	ленйться
онá	лéнится	онá	ленйлась	онá	будет	ленйться
онó	лéнится	онó	ленйлось	онó	будет	ленйться
мы	лéнимся	мы	ленйлись	мы	будем	ленйться
вы	лéнитесь	вы	ленйлись	вы	будете	ленйться
онй	лéнятся	онй	ленйлись	онй	будут	ленйться

KONJUNKTIV

я	ленйлся / ленйлась бы
ты	ленйлся / ленйлась бы
он	ленйлся бы
онá	ленйлась бы
онó	ленйлось бы
мы	ленйлись бы
вы	ленйлись бы
онй	ленйлись бы

PARTIZIPIEN

AP	Präsens	ленясь
P	Präs. Aktiv	ленящийся
P	Prät. Aktiv	ленйвшийся

IMPERATIV

Ленйсь!
Ленйтесь!

PERFEKTIV

—

летáть UNBEST
fliegen

INDIKATIV

Präsens		Präteritum		Futur / IMPF	
я	летáю	я	летáл / летáла	я	буду	летáть
ты	летáешь	ты	летáл / летáла	ты	будешь	летáть
он	летáет	он	летáл	он	будет	летáть
онá	летáет	онá	летáла	онá	будет	летáть
онó	летáет	онó	летáло	онó	будет	летáть
мы	летáем	мы	летáли	мы	будем	летáть
вы	летáете	вы	летáли	вы	будете	летáть
онй	летáют	онй	летáли	онй	будут	летáть

KONJUNKTIV

я	летáл / летáла бы
ты	летáл / летáла бы
он	летáл бы
онá	летáла бы
онó	летáло бы
мы	летáли бы
вы	летáли бы
онй	летáли бы

PARTIZIPIEN

AP	Präsens	летáя
P	Präs. Aktiv	летáющий
P	Prät. Aktiv	летáвший

IMPERATIV

Летáй!
Летáйте!

BESTIMMT

летéть → 103

Imperfektives Verb

летéть BEST
fliegen

INDIKATIV

Präsens		**Präteritum**		**Futur** / IMPF		
я	лечý	я	летéл / летéла	я	бýду	летéть
ты	летúшь	ты	летéл / летéла	ты	бýдешь	летéть
он	летúт	он	летéл	он	бýдет	летéть
онá	летúт	онá	летéла	онá	бýдет	летéть
онó	летúт	онó	летéло	онó	бýдет	летéть
мы	летúм	мы	летéли	мы	бýдем	летéть
вы	летúте	вы	летéли	вы	бýдете	летéть
онú	летя́т	онú	летéли	онú	бýдут	летéть

KONJUNKTIV

я	летéл / летéла	бы
ты	летéл / летéла	бы
он	летéл	бы
онá	летéла	бы
онó	летéло	бы
мы	летéли	бы
вы	летéли	бы
онú	летéли	бы

PARTIZIPIEN

AP	**Präsens**	летя́
P	**Präs. Aktiv**	летя́щий
P	**Prät. Aktiv**	летéвший

IMPERATIV

Летú!
Летúте!

UNBESTIMMT

летáть → **102**

Imperfektives Verb

лечúть
(ärztlich) behandeln

INDIKATIV

Präsens		**Präteritum**		**Futur** / IMPF		
я	лечý	я	лечúл / лечúла	я	бýду	лечúть
ты	лéчишь	ты	лечúл / лечúла	ты	бýдешь	лечúть
он	лéчит	он	лечúл	он	бýдет	лечúть
онá	лéчит	онá	лечúла	онá	бýдет	лечúть
онó	лéчит	онó	лечúло	онó	бýдет	лечúть
мы	лéчим	мы	лечúли	мы	бýдем	лечúть
вы	лéчите	вы	лечúли	вы	бýдете	лечúть
онú	лéчат	онú	лечúли	онú	бýдут	лечúть

KONJUNKTIV

я	лечúл / лечúла бы
ты	лечúл / лечúла бы
он	лечúл бы
онá	лечúла бы
онó	лечúло бы
мы	лечúли бы
вы	лечúли бы
онú	лечúли бы

PARTIZIPIEN

AP	**Präsens**	лечá
P	**Präs. Aktiv**	лéчащий
P	**Präs. Passiv**	лечúмый
P	**Prät. Aktiv**	лечúвший

IMPERATIV

Лечú!
Лечúте!

PERFEKTIV

вы́лечить

лечь
sich hinlegen

INDIKATIV

Futur / PF		**Präteritum**	
я	ля́гу	я	лёг / легла́
ты	ля́жешь	ты	лёг / легла́
он	ля́жет	он	лёг
она́	ля́жет	она́	легла́
оно́	ля́жет	оно́	легло́
мы	ля́жем	мы	легли́
вы	ля́жете	вы	легли́
они́	ля́гут	они́	легли́

KONJUNKTIV

я	лёг / легла́ бы
ты	лёг / легла́ бы
он	лёг бы
она́	легла́ бы
оно́	легло́ бы
мы	легли́ бы
вы	легли́ бы
они́	легли́ бы

PARTIZIPIEN

AP	Präteritum	лёгши
P	Prät. Aktiv	лёгший

IMPERATIV

Ляг!
Ля́гте!

IMPERFEKTIV

ложи́ться → **107**

лить
gießen

INDIKATIV

Präsens		**Präteritum**		**Futur** / IMPF		
я	лью	я	лил / лила́	я	бу́ду	лить
ты	льёшь	ты	лил / лила́	ты	бу́дешь	лить
он	льёт	он	лил	он	бу́дет	лить
она́	льёт	она́	лила́	она́	бу́дет	лить
оно́	льёт	оно́	ли́ло	оно́	бу́дет	лить
мы	льём	мы	ли́ли	мы	бу́дем	лить
вы	льёте	вы	ли́ли	вы	бу́дете	лить
они́	льют	они́	ли́ли	они́	бу́дут	лить

KONJUNKTIV

я	лил / лила́ бы
ты	лил / лила́ бы
он	лил бы
она́	лила́ бы
оно́	ли́ло бы
мы	ли́ли бы
вы	ли́ли бы
они́	ли́ли бы

PARTIZIPIEN

P	Präs. Aktiv	лью́щий
AP	Präteritum	лив
P	Prät. Aktiv	ли́вший
P	Prät. Passiv	ли́тый
Kurzformen		лит
		лита́
		ли́то
		ли́ты

IMPERATIV

Лей!
Ле́йте!

PERFEKTIV

слить → **166**
вы́лить

ложи́ться
sich hinlegen

INDIKATIV

Präsens	Präteritum	Futur / IMPF
я ложу́сь	я ложи́лся / ложи́лась	я бу́ду ложи́ться
ты ложи́шься	ты ложи́лся / ложи́лась	ты бу́дешь ложи́ться
он ложи́тся	он ложи́лся	он бу́дет ложи́ться
она́ ложи́тся	она́ ложи́лась	она́ бу́дет ложи́ться
оно́ ложи́тся	оно́ ложи́лось	оно́ бу́дет ложи́ться
мы ложи́мся	мы ложи́лись	мы бу́дем ложи́ться
вы ложи́тесь	вы ложи́лись	вы бу́дете ложи́ться
они́ ложа́тся	они́ ложи́лись	они́ бу́дут ложи́ться

KONJUNKTIV

я ложи́лся / ложи́лась бы
ты ложи́лся / ложи́лась бы
он ложи́лся бы
она́ ложи́ласьбы
оно́ ложи́лось бы
мы ложи́лисьбы
вы ложи́лисьбы
они́ ложи́лисьбы

PARTIZIPIEN

AP Präsens	ложа́сь
P Präs. Aktiv	ложа́щийся
P Prät. Aktiv	ложи́вшийся

IMPERATIV

Ложи́сь!
Ложи́тесь!

PERFEKTIV
лечь → **105**

люби́ть
lieben

INDIKATIV

Präsens	Präteritum	Futur / IMPF
я люблю́	я люби́л / люби́ла	я бу́ду люби́ть
ты лю́бишь	ты люби́л / люби́ла	ты бу́дешь люби́ть
он лю́бит	он люби́л	он бу́дет люби́ть
она́ лю́бит	она́ люби́ла	она́ бу́дет люби́ть
оно́ лю́бит	оно́ люби́ло	оно́ бу́дет люби́ть
мы лю́бим	мы люби́ли	мы бу́дем люби́ть
вы лю́бите	вы люби́ли	вы бу́дете люби́ть
они́ лю́бят	они́ люби́ли	они́ бу́дут люби́ть

KONJUNKTIV

я люби́л / люби́ла бы
ты люби́л / люби́ла бы
он люби́л бы
она́ люби́ла бы
оно́ люби́ло бы
мы люби́ли бы
вы люби́ли бы
они́ люби́ли бы

PARTIZIPIEN

AP Präsens	любя́
P Präs. Aktiv	лю́бящий
P Prät. Aktiv	люби́вший
P Prät. Passiv	люби́мый

IMPERATIV

Люби́!
Люби́те!

PERFEKTIV
полюби́ть

мазать
(be)streichen, (be)schmieren

INDIKATIV

Präsens		Präteritum		Futur / IMPF	
я	мажу	я	мазал / мазала	я	буду мазать
ты	мажешь	ты	мазал / мазала	ты	будешь мазать
он	мажет	он	мазал	он	будет мазать
она	мажет	она	мазала	она	будет мазать
оно	мажет	оно	мазало	оно	будет мазать
мы	мажем	мы	мазали	мы	будем мазать
вы	мажете	вы	мазали	вы	будете мазать
они	мажут	они	мазали	они	будут мазать

KONJUNKTIV

я	мазал / мазалабы
ты	мазал / мазалабы
он	мазал бы
она	мазала бы
оно	мазало бы
мы	мазали бы
вы	мазали бы
они	мазали бы

PARTIZIPIEN

P	Präs. Aktiv	мажущий
AP	Präteritum	мазав
P	Prät. Aktiv	мазавший

IMPERATIV

Мажь!
Мажьте!

PERFEKTIV

намазать
помазать
мазнуть

махать
winken

INDIKATIV

Präsens		Präteritum		Futur / IMPF	
я	машу	я	махал / махала	я	буду махать
ты	машешь	ты	махал / махала	ты	будешь махать
он	машет	он	махал	он	будет махать
она	машет	она	махала	она	будет махать
оно	машет	оно	махало	оно	будет махать
мы	машем	мы	махали	мы	будем махать
вы	машете	вы	махали	вы	будете махать
они	машут	они	махали	они	будут махать

KONJUNKTIV

я	махал / махала бы
ты	махал / махала бы
он	махал бы
она	махала бы
оно	махало бы
мы	махали бы
вы	махали бы
они	махали бы

PARTIZIPIEN

AP	Präsens	маша
P	Präs. Aktiv	машущий
P	Prät. Aktiv	махавший

IMPERATIV

Маши!
Машите!

PERFEKTIV

помахать
махнуть

Imperfektives Verb

меня́ть
tauschen, wechseln

INDIKATIV

Präsens		Präteritum		Futur / IMPF	
я	меня́ю	я	меня́л / меня́ла	я	бу́ду меня́ть
ты	меня́ешь	ты	меня́л / меня́ла	ты	бу́дешь меня́ть
он	меня́ет	он	меня́л	он	бу́дет меня́ть
она́	меня́ет	она́	меня́ла	она́	бу́дет меня́ть
оно́	меня́ет	оно́	меня́ло	оно́	бу́дет меня́ть
мы	меня́ем	мы	меня́ли	мы	бу́дем меня́ть
вы	меня́ете	вы	меня́ли	вы	бу́дете меня́ть
они́	меня́ют	они́	меня́ли	они́	бу́дут меня́ть

KONJUNKTIV

я	меня́л / меня́ла бы
ты	меня́л / меня́ла бы
он	меня́л бы
она́	меня́ла бы
оно́	меня́ло бы
мы	меня́ли бы
вы	меня́ли бы
они́	меня́ли бы

PARTIZIPIEN

AP	Präsens	меня́я
P	Präs. Aktiv	меня́ющий
P	Präs. Passiv	меня́емый
P	Prät. Aktiv	меня́вший
P	Prät. Passiv	ме́нянный

IMPERATIV

Меня́й!
Меня́йте!

PERFEKTIV
поменя́ть

Imperfektives Verb

мести́
fegen

INDIKATIV

Präsens		Präteritum		Futur / IMPF	
я	мету́	я	мёл / мела́	я	бу́ду мести́
ты	метёшь	ты	мёл / мела́	ты	бу́дешь мести́
он	метёт	он	мёл	он	бу́дет мести́
она́	метёт	она́	мела́	она́	бу́дет мести́
оно́	метёт	оно́	мело́	оно́	бу́дет мести́
мы	метём	мы	мели́	мы	бу́дем мести́
вы	метёте	вы	мели́	вы	бу́дете мести́
они́	мету́т	они́	мели́	они́	бу́дут мести́

KONJUNKTIV

я	мёл / мела́ бы
ты	мёл / мела́ бы
он	мёл бы
она́	мела́ бы
оно́	мело́ бы
мы	мели́ бы
вы	мели́ бы
они́	мели́ бы

PARTIZIPIEN

AP	Präsens	метя́
P	Präs. Aktiv	мету́щий
P	Prät. Aktiv	мётший
P	Prät. Passiv	метённый

IMPERATIV

Мети́!
Мети́те!

PERFEKTIV
подмести́

молча́ть
schweigen

INDIKATIV

Präsens		Präteritum		Futur / IMPF	
я	молчу́	я	молча́л / молча́ла	я	бу́ду молча́ть
ты	молчи́шь	ты	молча́л / молча́ла	ты	бу́дешь молча́ть
он	молчи́т	он	молча́л	он	бу́дет молча́ть
она́	молчи́т	она́	молча́ла	она́	бу́дет молча́ть
оно́	молчи́т	оно́	молча́ло	оно́	бу́дет молча́ть
мы	молчи́м	мы	молча́ли	мы	бу́дем молча́ть
вы	молчи́те	вы	молча́ли	вы	бу́дете молча́ть
они́	молча́т	они́	молча́ли	они́	бу́дут молча́ть

KONJUNKTIV

я	молча́л / молча́ла бы
ты	молча́л / молча́ла бы
он	молча́л бы
она́	молча́ла бы
оно́	молча́ло бы
мы	молча́ли бы
вы	молча́ли бы
они́	молча́ли бы

PARTIZIPIEN

AP	Präsens	молча́
P	Präs. Aktiv	молча́щий
P	Prät. Aktiv	молча́вший

IMPERATIV

Молчи́!
Молчи́те!

PERFEKTIV
замолча́ть

мочь
können

INDIKATIV

Präsens		Präteritum		Futur / IMPF
я	могу́	я	мог / могла́	—
ты	мо́жешь	ты	мог / могла́	—
он	мо́жет	он	мог	—
она́	мо́жет	она́	могла́	—
оно́	мо́жет	оно́	могло́	—
мы	мо́жем	мы	могли́	—
вы	мо́жете	вы	могли́	—
они́	мо́гут	они́	могли́	—

KONJUNKTIV

я	мог / могла́ бы
ты	мог / могла́ бы
он	мог бы
она́	могла́ бы
оно́	могло́ бы
мы	могли́ бы
вы	могли́ бы
они́	могли́ бы

PARTIZIPIEN

P	Präs. Aktiv	могу́щий
P	Prät. Aktiv	мо́гший

IMPERATIV

—
—

PERFEKTIV
смочь

МЫТЬ
waschen

INDIKATIV

Präsens	Präteritum	Futur / IMPF
я мо́ю	я мыл / мы́ла	я бу́ду мыть
ты мо́ешь	ты мыл / мы́ла	ты бу́дешь мыть
он мо́ет	он мыл	он бу́дет мыть
она́ мо́ет	она́ мы́ла	она́ бу́дет мыть
оно́ мо́ет	оно́ мы́ло	оно́ бу́дет мыть
мы мо́ем	мы мы́ли	мы бу́дем мыть
вы мо́ете	вы мы́ли	вы бу́дете мыть
они́ мо́ют	они́ мы́ли	они́ бу́дут мыть

KONJUNKTIV

я мыл / мы́ла бы
ты мыл / мы́ла бы
он мыл бы
она́ мы́ла бы
оно́ мы́ло бы
мы мы́ли бы
вы мы́ли бы
они́ мы́ли бы

PARTIZIPIEN

AP	Präsens	мо́я
P	Präs. Aktiv	мо́ющий
P	Prät. Aktiv	мы́вший
P	Prät. Passiv	мы́тый

IMPERATIV

Мой!
Мо́йте!

PERFEKTIV

вы́мыть
помы́ть

надея́ться
hoffen

INDIKATIV

Präsens	Präteritum	Futur / IMPF
я наде́юсь	я наде́ялся / наде́ялась	я бу́ду надея́ться
ты наде́ешься	ты наде́ялся / наде́ялась	ты бу́дешь надея́ться
он наде́ется	он наде́ялся	он бу́дет надея́ться
она́ наде́ется	она́ наде́ялась	она́ бу́дет надея́ться
оно́ наде́ется	оно́ наде́ялось	оно́ бу́дет надея́ться
мы наде́емся	мы наде́ялись	мы бу́дем надея́ться
вы наде́етесь	вы наде́ялись	вы бу́дете надея́ться
они́ наде́ются	они́ наде́ялись	они́ бу́дут надея́ться

KONJUNKTIV

я наде́ялся / наде́ялась бы
ты наде́ялся / наде́ялась бы
он наде́ялся бы
она́ наде́ялась бы
оно́ наде́ялось бы
мы наде́ялись бы
вы наде́ялись бы
они́ наде́ялись бы

PARTIZIPIEN

AP	Präsens	наде́ясь
P	Präs. Aktiv	наде́ющийся
P	Prät. Aktiv	наде́явшийся

IMPERATIV

Наде́йся!
Наде́йтесь!

PERFEKTIV

понаде́яться

найти
finden

INDIKATIV

Futur / PF		**Präteritum**	
я	найду́	я	нашёл / нашла́
ты	найдёшь	ты	нашёл / нашла́
он	найдёт	он	нашёл
она́	найдёт	она́	нашла́
оно́	найдёт	оно́	нашло́
мы	найдём	мы	нашли́
вы	найдёте	вы	нашли́
они́	найду́т	они́	нашли́

KONJUNKTIV

я	нашёл / нашла́ бы
ты	нашёл / нашла́ бы
он	нашёл бы
она́	нашла́ бы
оно́	нашло́ бы
мы	нашли́ бы
вы	нашли́ бы
они́	нашли́ бы

PARTIZIPIEN

AP	Präteritum	найдя́
P	Prät. Aktiv	наше́дший
P	Prät. Passiv	на́йденный
Kurzformen		на́йден
		на́йдена
		на́йдено
		на́йдены

IMPERATIV

Найди́!
Найди́те!

IMPERFEKTIV
находи́ть
→ **118**

находи́ть
finden

INDIKATIV

Präsens		**Präteritum**		**Futur** / IMPF		
я	нахожу́	я	находи́л / находи́ла	я	бу́ду	находи́ть
ты	нахо́дишь	ты	находи́л / находи́ла	ты	бу́дешь	находи́ть
он	нахо́дит	он	находи́л	он	бу́дет	находи́ть
она́	нахо́дит	она́	находи́ла	она́	бу́дет	находи́ть
оно́	нахо́дит	оно́	находи́ло	оно́	бу́дет	находи́ть
мы	нахо́дим	мы	находи́ли	мы	бу́дем	находи́ть
вы	нахо́дите	вы	находи́ли	вы	бу́дете	находи́ть
они́	нахо́дят	они́	находи́ли	они́	бу́дут	находи́ть

KONJUNKTIV

я	находи́л / находи́ла бы
ты	находи́л / находи́ла бы
он	находи́л бы
она́	находи́ла бы
оно́	находи́ло бы
мы	находи́ли бы
вы	находи́ли бы
они́	находи́ли бы

PARTIZIPIEN

AP	Präsens	находя́
P	Präs. Aktiv	находя́щий
P	Prät. Aktiv	находи́вший

IMPERATIV

Находи́!
Находи́те!

PERFEKTIV
найти́ → **117**

Perfektives Verb

начáть
anfangen

INDIKATIV

Futur / PF		**Präteritum**	
я	начнý	я	нáчал / началá
ты	начнёшь	ты	нáчал / началá
он	начнёт	он	нáчал
онá	начнёт	онá	началá
онó	начнёт	онó	нáчало
мы	начнём	мы	нáчали
вы	начнёте	вы	нáчали
онú	начнýт	онú	нáчали

KONJUNKTIV

я	нáчал / началá бы
ты	нáчал / началá бы
он	нáчал бы
онá	началá бы
онó	нáчало бы
мы	нáчали бы
вы	нáчали бы
онú	нáчали бы

PARTIZIPIEN

AP	**Präteritum**	начáв
P	**Prät. Aktiv**	начáвший
P	**Prät. Passiv**	нáчатый
Kurzformen		нáчат
		начатá
		нáчато
		нáчаты

IMPERATIV

Начнú!
Начнúте!

IMPERFEKTIV
начинáть

Imperfektives Verb

нестú BEST
tragen, bringen

INDIKATIV

Präsens		**Präteritum**		**Futur** / IMPF		
я	несý	я	нёс / неслá	я	бýду	нестú
ты	несёшь	ты	нёс / неслá	ты	бýдешь	нестú
он	несёт	он	нёс	он	бýдет	нестú
онá	несёт	онá	неслá	онá	бýдет	нестú
онó	несёт	онó	неслó	онó	бýдет	нестú
мы	несём	мы	неслú	мы	бýдем	нестú
вы	несёте	вы	неслú	вы	бýдете	нестú
онú	несýт	онú	неслú	онú	бýдут	нестú

KONJUNKTIV

я	нёс / неслá бы
ты	нёс / неслá бы
он	нёс бы
онá	неслá бы
онó	неслó бы
мы	неслú бы
вы	неслú бы
онú	неслú бы

PARTIZIPIEN

AP	**Präsens**	неся́
P	**Präs. Aktiv**	несýщий
P	**Prät. Aktiv**	нёсший
P	**Prät. Passiv**	несóмый

IMPERATIV

Несú!
Несúте!

UNBESTIMMT
носúть → **121**

НОСИ́ТЬ UNBEST
tragen, bringen

INDIKATIV

Präsens		Präteritum		Futur / IMPF	
я	ношу́	я	носи́л / носи́ла	я	бу́ду	носи́ть
ты	но́сишь	ты	носи́л / носи́ла	ты	бу́дешь	носи́ть
он	но́сит	он	носи́л	он	бу́дет	носи́ть
она́	но́сит	она́	носи́ла	она́	бу́дет	носи́ть
оно́	но́сит	оно́	носи́ло	оно́	бу́дет	носи́ть
мы	но́сим	мы	носи́ли	мы	бу́дем	носи́ть
вы	но́сите	вы	носи́ли	вы	бу́дете	носи́ть
они́	но́сят	они́	носи́ли	они́	бу́дут	носи́ть

KONJUNKTIV

я	носи́л / носи́ла бы
ты	носи́л / носи́ла бы
он	носи́л бы
она́	носи́ла бы
оно́	носи́ло бы
мы	носи́ли бы
вы	носи́ли бы
они́	носи́ли бы

PARTIZIPIEN

AP	Präsens	нося́
P	Präs. Aktiv	нося́щий
P	Präs. Passiv	носи́мый
AP	Präteritum	носи́в
P	Prät. Aktiv	носи́вший
P	Prät. Passiv	но́шеный (adj)

IMPERATIV

Носи́!
Носи́те!

BESTIMMT
нести́ → **120**

обману́ть
betrügen

INDIKATIV

Futur / PF		Präteritum	
я	обману́	я	обману́л / обману́ла
ты	обма́нешь	ты	обману́л / обману́ла
он	обма́нет	он	обману́л
она́	обма́нет	она́	обману́ла
оно́	обма́нет	оно́	обману́ло
мы	обма́нем	мы	обману́ли
вы	обма́нете	вы	обману́ли
они́	обма́нут	они́	обману́ли

KONJUNKTIV

я	обману́л / обману́ла бы
ты	обману́л / обману́ла бы
он	обману́л бы
она́	обману́ла бы
оно́	обману́ло бы
мы	обману́ли бы
вы	обману́ли бы
они́	обману́ли бы

PARTIZIPIEN

AP	Präteritum	обману́в
P	Prät. Aktiv	обману́вший
P	Prät. Passiv	обма́нутый
Kurzformen		обма́нут
		обма́нута
		обма́нуто
		обма́нуты

IMPERATIV

Обмани́!
Обмани́те!

IMPERFEKTIV
обма́нывать

орáть
schreien, brüllen

INDIKATIV

Präsens		Präteritum		Futur / IMPF	
я	орý	я	орáл / орáла	я	бýду	орáть
ты	орёшь	ты	орáл / орáла	ты	бýдешь	орáть
он	орёт	он	орáл	он	бýдет	орáть
онá	орёт	онá	орáла	онá	бýдет	орáть
онó	орёт	онó	орáло	онó	бýдет	орáть
мы	орём	мы	орáли	мы	бýдем	орáть
вы	орёте	вы	орáли	вы	бýдете	орáть
они́	орýт	они́	орáли	они́	бýдут	орáть

KONJUNKTIV

я	орáл / орáла бы
ты	орáл / орáла бы
он	орáл бы
онá	орáла бы
онó	орáло бы
мы	орáли бы
вы	орáли бы
они́	орáли бы

PARTIZIPIEN

P	Präs. Aktiv	орýщий
P	Prät. Aktiv	орáвший

IMPERATIV

Ори́!
Ори́те!

PERFEKTIV

наорáть

отдохнýть
sich erholen, ausruhen

INDIKATIV

Futur / PF		Präteritum	
я	отдохнý	я	отдохнýл / отдохнýла
ты	отдохнёшь	ты	отдохнýл / отдохнýла
он	отдохнёт	он	отдохнýл
онá	отдохнёт	онá	отдохнýла
онó	отдохнёт	онó	отдохнýло
мы	отдохнём	мы	отдохнýли
вы	отдохнёте	вы	отдохнýли
они́	отдохнýт	они́	отдохнýли

KONJUNKTIV

я	отдохнýл / отдохнýла бы
ты	отдохнýл / отдохнýла бы
он	отдохнýл бы
онá	отдохнýла бы
онó	отдохнýло бы
мы	отдохнýли бы
вы	отдохнýли бы
они́	отдохнýли бы

PARTIZIPIEN

AP	Präteritum	отдохнýв
P	Prät. Aktiv	отдохнýвший

IMPERATIV

Отдохни́!
Отдохни́те!

IMPERFEKTIV

отдыхáть

открыть
öffnen

INDIKATIV

Futur / PF		Präteritum	
я	откро́ю	я	откры́л / откры́ла
ты	откро́ешь	ты	откры́л / откры́ла
он	откро́ет	он	откры́л
она́	откро́ет	она́	откры́ла
оно́	откро́ет	оно́	откры́ло
мы	откро́ем	мы	откры́ли
вы	откро́ете	вы	откры́ли
они́	откро́ют	они́	откры́ли

KONJUNKTIV

я	откры́л / откры́ла	бы
ты	откры́л / откры́ла	бы
он	откры́л	бы
она́	откры́ла	бы
оно́	откры́ло	бы
мы	откры́ли	бы
вы	откры́ли	бы
они́	откры́ли	бы

PARTIZIPIEN

AP Präteritum	откры́в
P Prät. Aktiv	откры́вший
P Prät. Passiv	откры́тый
Kurzformen	откры́т
	откры́та
	откры́то
	откры́ты

IMPERATIV

Откро́й!
Откро́йте!

IMPERFEKTIV
открыва́ть

па́хнуть
duften, riechen (nach)

INDIKATIV

Präsens		Präteritum		Futur / IMPF		
я	па́хну	я	пах oder па́хнул / па́хла	я	бу́ду	па́хнуть
ты	па́хнешь	ты	пах oder па́хнул / па́хла	ты	бу́дешь	па́хнуть
он	па́хнет	он	пах oder па́хнул	он	бу́дет	па́хнуть
она́	па́хнет	она́	па́хла	она́	бу́дет	па́хнуть
оно́	па́хнет	оно́	па́хло	оно́	бу́дет	па́хнуть
мы	па́хнем	мы	па́хли	мы	бу́дем	па́хнуть
вы	па́хнете	вы	па́хли	вы	бу́дете	па́хнуть
они́	па́хнут	они́	па́хли	они́	бу́дут	па́хнуть

KONJUNKTIV

я	пах oder па́хнул / па́хла	бы
ты	пах oder па́хнул / па́хла	бы
он	пах oder па́хнул	бы
она́	па́хла	бы
оно́	па́хло	бы
мы	па́хли	бы
вы	па́хли	бы
они́	па́хли	бы

PARTIZIPIEN

P Präs. Aktiv	па́хнущий
AP Präteritum	па́хнув
P Prät. Aktiv	па́хнувший
	oder па́хший

IMPERATIV
—
—

PERFEKTIV
—

Imperfektives Verb

петь
singen

INDIKATIV

Präsens		Präteritum		Futur / IMPF		
я	пою́	я	пел / пе́ла	я	бу́ду	петь
ты	поёшь	ты	пел / пе́ла	ты	бу́дешь	петь
он	поёт	он	пел	он	бу́дет	петь
она́	поёт	она́	пе́ла	она́	бу́дет	петь
оно́	поёт	оно́	пе́ло	оно́	бу́дет	петь
мы	поём	мы	пе́ли	мы	бу́дем	петь
вы	поёте	вы	пе́ли	вы	бу́дете	петь
они́	пою́т	они́	пе́ли	они́	бу́дут	петь

KONJUNKTIV

я	пел / пе́ла бы
ты	пел / пе́ла бы
он	пел бы
она́	пе́ла бы
оно́	пе́ло бы
мы	пе́ли бы
вы	пе́ли бы
они́	пе́ли бы

PARTIZIPIEN

P	**Präs. Aktiv**	пою́щий
P	**Prät. Aktiv**	пе́вший

IMPERATIV

Пой!
По́йте!

PERFEKTIV
спеть

Imperfektives Verb

печь
backen

INDIKATIV

Präsens		Präteritum		Futur / IMPF		
я	пеку́	я	пёк / пекла́	я	бу́ду	печь
ты	печёшь	ты	пёк / пекла́	ты	бу́дешь	печь
он	печёт	он	пёк	он	бу́дет	печь
она́	печёт	она́	пекла́	она́	бу́дет	печь
оно́	печёт	оно́	пекло́	оно́	бу́дет	печь
мы	печём	мы	пекли́	мы	бу́дем	печь
вы	печёте	вы	пекли́	вы	бу́дете	печь
они́	пеку́т	они́	пекли́	они́	бу́дут	печь

KONJUNKTIV

я	пёк / пекла́ бы
ты	пёк / пекла́ бы
он	пёк бы
она́	пекла́ бы
оно́	пекло́ бы
мы	пекли́ бы
вы	пекли́ бы
они́	пекли́ бы

PARTIZIPIEN

AP	**Präsens**	пёкши
P	**Präs. Aktiv**	пеку́щий
P	**Prät. Aktiv**	пёкший
P	**Prät. Passiv**	печёный (adj)

IMPERATIV

Пеки́!
Пеки́те!

PERFEKTIV
испе́чь

пи́сать
pinkeln

INDIKATIV

Präsens		Präteritum		Futur / IMPF	
я	пи́саю	я	пи́сал / пи́сала	я	бу́ду пи́сать
ты	пи́саешь	ты	пи́сал / пи́сала	ты	бу́дешь пи́сать
он	пи́сает	он	пи́сал	он	бу́дет пи́сать
она́	пи́сает	она́	пи́сала	она́	бу́дет пи́сать
оно́	пи́сает	оно́	пи́сало	оно́	бу́дет пи́сать
мы	пи́саем	мы	пи́сали	мы	бу́дем пи́сать
вы	пи́саете	вы	пи́сали	вы	бу́дете пи́сать
они́	пи́сают	они́	пи́сали	они́	бу́дут пи́сать

KONJUNKTIV

я	пи́сал / пи́сала бы
ты	пи́сал / пи́сала бы
он	пи́сал бы
она́	пи́сала бы
оно́	пи́сало бы
мы	пи́сали бы
вы	пи́сали бы
они́	пи́сали бы

PARTIZIPIEN

AP	Präsens	пи́сая
P	Präs. Aktiv	пи́сающий
P	Prät. Aktiv	пи́савший

IMPERATIV

Пи́сай!
Пи́сайте!

PERFEKTIV

попи́сать

писа́ть
schreiben

INDIKATIV

Präsens		Präteritum		Futur / IMPF	
я	пишу́	я	писа́л / писа́ла	я	бу́ду писа́ть
ты	пи́шешь	ты	писа́л / писа́ла	ты	бу́дешь писа́ть
он	пи́шет	он	писа́л	он	бу́дет писа́ть
она́	пи́шет	она́	писа́ла	она́	бу́дет писа́ть
оно́	пи́шет	оно́	писа́ло	оно́	бу́дет писа́ть
мы	пи́шем	мы	писа́ли	мы	бу́дем писа́ть
вы	пи́шете	вы	писа́ли	вы	бу́дете писа́ть
они́	пи́шут	они́	писа́ли	они́	бу́дут писа́ть

KONJUNKTIV

я	писа́л / писа́ла бы
ты	писа́л / писа́ла бы
он	писа́л бы
она́	писа́ла бы
оно́	писа́ло бы
мы	писа́ли бы
вы	писа́ли бы
они́	писа́ли бы

PARTIZIPIEN

AP	Präsens	пиша́ (umg)
P	Präs. Aktiv	пи́шущий
P	Prät. Aktiv	писа́вший
P	Prät. Passiv	пи́санный

IMPERATIV

Пиши́!
Пиши́те!

PERFEKTIV

написа́ть

пить
trinken

INDIKATIV

Präsens		Präteritum		Futur / IMPF		
я	пью	я	пил / пила́	я	бу́ду	пить
ты	пьёшь	ты	пил / пила́	ты	бу́дешь	пить
он	пьёт	он	пил	он	бу́дет	пить
она́	пьёт	она́	пила́	она́	бу́дет	пить
оно́	пьёт	оно́	пи́ло	оно́	бу́дет	пить
мы	пьём	мы	пи́ли	мы	бу́дем	пить
вы	пьёте	вы	пи́ли	вы	бу́дете	пить
они́	пьют	они́	пи́ли	они́	бу́дут	пить

KONJUNKTIV
я	пил / пила́ бы
ты	пил / пила́ бы
он	пил бы
она́	пила́ бы
оно́	пи́ло бы
мы	пи́ли бы
вы	пи́ли бы
они́	пи́ли бы

PARTIZIPIEN
P	Präs. Aktiv	пью́щий
P	Prät. Aktiv	пи́вший

IMPERATIV
Пей!
Пе́йте!

PERFEKTIV
вы́пить

пла́вать UNBEST
schwimmen

INDIKATIV

Präsens		Präteritum		Futur / IMPF		
я	пла́ваю	я	пла́вал / пла́вала	я	бу́ду	пла́вать
ты	пла́ваешь	ты	пла́вал / пла́вала	ты	бу́дешь	пла́вать
он	пла́вает	он	пла́вал	он	бу́дет	пла́вать
она́	пла́вает	она́	пла́вала	она́	бу́дет	пла́вать
оно́	пла́вает	оно́	пла́вало	оно́	бу́дет	пла́вать
мы	пла́ваем	мы	пла́вали	мы	бу́дем	пла́вать
вы	пла́ваете	вы	пла́вали	вы	бу́дете	пла́вать
они́	пла́вают	они́	пла́вали	они́	бу́дут	пла́вать

KONJUNKTIV
я	пла́вал / пла́вала бы
ты	пла́вал / пла́вала бы
он	пла́вал бы
она́	пла́вала бы
оно́	пла́вало бы
мы	пла́вали бы
вы	пла́вали бы
они́	пла́вали бы

PARTIZIPIEN
AP	Präsens	пла́вая
P	Präs. Aktiv	пла́вающий
P	Prät. Aktiv	пла́вавший

IMPERATIV
Пла́вай!
Пла́вайте!

BESTIMMT
плыть → **136**

пла́кать
weinen

INDIKATIV

Präsens	Präteritum	Futur / IMPF
я пла́чу	я пла́кал / пла́кала	я бу́ду пла́кать
ты пла́чешь	ты пла́кал / пла́кала	ты бу́дешь пла́кать
он пла́чет	он пла́кал	он бу́дет пла́кать
она́ пла́чет	она́ пла́кала	она́ бу́дет пла́кать
оно́ пла́чет	оно́ пла́кало	оно́ бу́дет пла́кать
мы пла́чем	мы пла́кали	мы бу́дем пла́кать
вы пла́чете	вы пла́кали	вы бу́дете пла́кать
они́ пла́чут	они́ пла́кали	они́ бу́дут пла́кать

KONJUNKTIV

я пла́кал / пла́кала бы
ты пла́кал / пла́кала бы
он пла́кал бы
она́ пла́кала бы
оно́ пла́кало бы
мы пла́кали бы
вы пла́кали бы
они́ пла́кали бы

PARTIZIPIEN

AP	Präsens	пла́ча
P	Präs. Aktiv	пла́чущий
P	Prät. Aktiv	пла́кавший

IMPERATIV

Пла́чь!
Пла́чьте!

PERFEKTIV
запла́кать

плати́ть
zahlen

INDIKATIV

Präsens	Präteritum	Futur / IMPF
я плачу́	я плати́л / плати́ла	я бу́ду плати́ть
ты пла́тишь	ты плати́л / плати́ла	ты бу́дешь плати́ть
он пла́тит	он плати́л	он бу́дет плати́ть
она́ пла́тит	она́ плати́ла	она́ бу́дет плати́ть
оно́ пла́тит	оно́ плати́ло	оно́ бу́дет плати́ть
мы пла́тим	мы плати́ли	мы бу́дем плати́ть
вы пла́тите	вы плати́ли	вы бу́дете плати́ть
они́ пла́тят	они́ плати́ли	они́ бу́дут плати́ть

KONJUNKTIV

я плати́л / плати́ла бы
ты плати́л / плати́ла бы
он плати́л бы
она́ плати́ла бы
оно́ плати́ло бы
мы плати́ли бы
вы плати́ли бы
они́ плати́ли бы

PARTIZIPIEN

AP	Präsens	платя́
P	Präs. Aktiv	платя́щий
P	Prät. Aktiv	плати́вший
P	Prät. Passiv	пла́ченный

IMPERATIV

Плати́!
Плати́те!

PERFEKTIV
заплати́ть

Imperfektives Verb

плева́ть
spucken

INDIKATIV

Präsens		Präteritum		Futur / IMPF	
я	плюю́	я	плева́л / плева́ла	я	бу́ду плева́ть
ты	плюёшь	ты	плева́л / плева́ла	ты	бу́дешь плева́ть
он	плюёт	он	плева́л	он	бу́дет плева́ть
она́	плюёт	она́	плева́ла	она́	бу́дет плева́ть
оно́	плюёт	оно́	плева́ло	оно́	бу́дет плева́ть
мы	плюём	мы	плева́ли	мы	бу́дем плева́ть
вы	плюёте	вы	плева́ли	вы	бу́дете плева́ть
они́	плюю́т	они́	плева́ли	они́	бу́дут плева́ть

KONJUNKTIV
я	плева́л / плева́ла бы
ты	плева́л / плева́ла бы
он	плева́л бы
она́	плева́ла бы
оно́	плева́ло бы
мы	плева́ли бы
вы	плева́ли бы
они́	плева́ли бы

PARTIZIPIEN
AP	Präsens	плюя́
P	Präs. Aktiv	плюю́щий
P	Prät. Aktiv	плева́вший

IMPERATIV
Плюй!
Плю́йте!

PERFEKTIV
плю́нуть

Imperfektives Verb

плыть BEST
schwimmen

INDIKATIV

Präsens		Präteritum		Futur / IMPF	
я	плыву́	я	плыл / плыла́	я	бу́ду плыть
ты	плывёшь	ты	плыл / плыла́	ты	бу́дешь плыть
он	плывёт	он	плыл	он	бу́дет плыть
она́	плывёт	она́	плыла́	она́	бу́дет плыть
оно́	плывёт	оно́	плы́ло	оно́	бу́дет плыть
мы	плывём	мы	плы́ли	мы	бу́дем плыть
вы	плывёте	вы	плы́ли	вы	бу́дете плыть
они́	плыву́т	они́	плы́ли	они́	бу́дут плыть

KONJUNKTIV
я	плыл / плыла́ бы
ты	плыл / плыла́ бы
он	плыл бы
она́	плыла́ бы
оно́	плы́ло бы
мы	плы́ли бы
вы	плы́ли бы
они́	плы́ли бы

PARTIZIPIEN
AP	Präsens	плывя́
P	Präs. Aktiv	плыву́щий
P	Prät. Aktiv	плы́вший

IMPERATIV
Плыви́!
Плыви́те!

UNBESTIMMT
пла́вать → 132

плясáть
tanzen

INDIKATIV

Präsens		**Präteritum**		**Futur** / IMPF		
я	пляшý	я	плясáл / плясáла	я	бýду	плясáть
ты	пляшешь	ты	плясáл / плясáла	ты	бýдешь	плясáть
он	пляшет	он	плясáл	он	бýдет	плясáть
онá	пляшет	онá	плясáла	онá	бýдет	плясáть
онó	пляшет	онó	плясáло	онó	бýдет	плясáть
мы	пляшем	мы	плясáли	мы	бýдем	плясáть
вы	пляшете	вы	плясáли	вы	бýдете	плясáть
онú	пляшут	онú	плясáли	онú	бýдут	плясáть

KONJUNKTIV

я	плясáл / плясáла	бы
ты	плясáл / плясáла	бы
он	плясáл	бы
онá	плясáла	бы
онó	плясáло	бы
мы	плясáли	бы
вы	плясáли	бы
онú	плясáли	бы

PARTIZIPIEN

P	**Präs. Aktiv**	пляшущий
AP	**Präteritum**	плясáв
P	**Prät. Aktiv**	плясáвший

IMPERATIV

Пляшú!
Пляшúте!

PERFEKTIV
сплясáть

повторúть
wiederholen

INDIKATIV

Futur / PF		**Präteritum**	
я	повторю́	я	повторúл / повторúла
ты	повторúшь	ты	повторúл / повторúла
он	повторúт	он	повторúл
онá	повторúт	онá	повторúла
онó	повторúт	онó	повторúло
мы	повторúм	мы	повторúли
вы	повторúте	вы	повторúли
онú	повторя́т	онú	повторúли

KONJUNKTIV

я	повторúл / повторúла	бы
ты	повторúл / повторúла	бы
он	повторúл	бы
онá	повторúла	бы
онó	повторúло	бы
мы	повторúли	бы
вы	повторúли	бы
онú	повторúли	бы

PARTIZIPIEN

AP	**Präteritum**	повторúв
P	**Prät. Aktiv**	повторúвший
P	**Prät. Passiv**	повторённый
	Kurzformen	повторён
		повторенá
		повторенó
		повторены́

IMPERATIV

Повторú!
Повторúте!

IMPERFEKTIV
повторя́ть

подня́ть
heben

INDIKATIV

Futur / PF

я	подниму́
ты	подни́мешь
он	подни́мет
она́	подни́мет
оно́	подни́мет
мы	подни́мем
вы	подни́мете
они́	подни́мут

Präteritum

я	по́дня́л / подняла́
ты	по́дня́л / подняла́
он	по́дня́л
она́	подняла́
оно́	по́дняло
мы	по́дняли
вы	по́дняли
они́	по́дняли

KONJUNKTIV

я	по́дня́л / подняла́ бы
ты	по́дня́л / подняла́ бы
он	по́дня́л бы
она́	подняла́ бы
оно́	по́дняло бы
мы	по́дняли бы
вы	по́дняли бы
они́	по́дняли бы

PARTIZIPIEN

AP	**Präteritum**	подня́в
P	**Prät. Aktiv**	подня́вший
P	**Prät. Passiv**	по́днятый
Kurzformen		по́днят
		поднята́
		по́днято
		по́дняты

IMPERATIV

Подними́!
Подними́те!

IMPERFEKTIV

поднима́ть

Imperfektives Verb

по́лзать UNBEST
kriechen

INDIKATIV

Präsens

я	по́лзаю
ты	по́лзаешь
он	по́лзает
она́	по́лзает
оно́	по́лзает
мы	по́лзаем
вы	по́лзаете
они́	по́лзают

Präteritum

я	по́лзал / по́лзала
ты	по́лзал / по́лзала
он	по́лзал
она́	по́лзала
оно́	по́лзало
мы	по́лзали
вы	по́лзали
они́	по́лзали

Futur / IMPF

я	бу́ду	по́лзать
ты	бу́дешь	по́лзать
он	бу́дет	по́лзать
она́	бу́дет	по́лзать
оно́	бу́дет	по́лзать
мы	бу́дем	по́лзать
вы	бу́дете	по́лзать
они́	бу́дут	по́лзать

KONJUNKTIV

я	по́лзал / по́лзала бы
ты	по́лзал / по́лзала бы
он	по́лзал бы
она́	по́лзала бы
оно́	по́лзало бы
мы	по́лзали бы
вы	по́лзали бы
они́	по́лзали бы

PARTIZIPIEN

AP	**Präsens**	по́лзая
P	**Präs. Aktiv**	по́лзающий
P	**Prät. Aktiv**	по́лзавший

IMPERATIV

По́лзай!
По́лзайте!

BESTIMMT

ползти́ → **141**

ПОЛЗТИ́ BEST
kriechen

INDIKATIV

Präsens		Präteritum		Futur / IMPF	
я	ползу́	я	полз / ползла́	я	бу́ду ползти́
ты	ползёшь	ты	полз / ползла́	ты	бу́дешь ползти́
он	ползёт	он	полз	он	бу́дет ползти́
она́	ползёт	она́	ползла́	она́	бу́дет ползти́
оно́	ползёт	оно́	ползло́	оно́	бу́дет ползти́
мы	ползём	мы	ползли́	мы	бу́дем ползти́
вы	ползёте	вы	ползли́	вы	бу́дете ползти́
они́	ползу́т	они́	ползли́	они́	бу́дут ползти́

KONJUNKTIV

я	полз / ползла́ бы
ты	полз / ползла́ бы
он	полз бы
она́	ползла́ бы
оно́	ползло́ бы
мы	ползли́ бы
вы	ползли́ бы
они́	ползли́ бы

PARTIZIPIEN

AP	Präsens	ползя́
P	Präs. Aktiv	ползу́щий
P	Prät. Aktiv	по́лзший

IMPERATIV

Ползи́!
Ползи́те!

UNBESTIMMT

по́лзать → **140**

ПОЛОЖИ́ТЬ
legen

INDIKATIV

Futur / PF		Präteritum	
я	положу́	я	положи́л / положи́ла
ты	поло́жишь	ты	положи́л
он	поло́жит	он	положи́л
она́	поло́жит	она́	положи́ла
оно́	поло́жит	оно́	положи́ло
мы	поло́жим	мы	положи́ли
вы	поло́жите	вы	положи́ли
они́	поло́жат	они́	положи́ли

KONJUNKTIV

я	положи́л / положи́ла бы
ты	положи́л / положи́ла бы
он	положи́л бы
она́	положи́ла бы
оно́	положи́ло бы
мы	положи́ли бы
вы	положи́ли бы
они́	положи́ли бы

PARTIZIPIEN

AP	Präteritum	положи́в
P	Prät. Aktiv	положи́вший
P	Prät. Passiv	поло́женный
Kurzformen		поло́жен
		поло́жена
		поло́жено
		поло́жены

IMPERATIV

Положи́!
Положи́те!

IMPERFEKTIV

класть → **85**

Perfektives Verb

получи́ть
bekommen

INDIKATIV

Futur / PF		**Präteritum**	
я	получу́	я	получи́л / получи́ла
ты	полу́чишь	ты	получи́л / получи́ла
он	полу́чит	он	получи́л
она́	полу́чит	она́	получи́ла
оно́	полу́чит	оно́	получи́ло
мы	полу́чим	мы	получи́ли
вы	полу́чите	вы	получи́ли
они́	полу́чат	они́	получи́ли

KONJUNKTIV

я	получи́л / получи́ла бы
ты	получи́л / получи́ла бы
он	получи́л бы
она́	получи́ла бы
оно́	получи́ло бы
мы	получи́ли бы
вы	получи́ли бы
они́	получи́ли бы

PARTIZIPIEN

AP Präteritum	получи́в
P Prät. Aktiv	получи́вший
P Prät. Passiv	полу́ченный
Kurzformen	полу́чен
	полу́чена
	полу́чено
	полу́чены

IMPERATIV

Получи́!
Получи́те!

IMPERFEKTIV
получа́ть

Imperfektives Verb

по́льзоваться
verwenden

INDIKATIV

Präsens		**Präteritum**		**Futur** / IMPF		
я	по́льзуюсь	я	по́льзовался / по́льзовалась	я	бу́ду	по́льзоваться
ты	по́льзуешься	ты	по́льзовался / по́льзовалась	ты	бу́дешь	по́льзоваться
он	по́льзуется	он	по́льзовался	он	бу́дет	по́льзоваться
она́	по́льзуется	она́	по́льзовалась	она́	бу́дет	по́льзоваться
оно́	по́льзуется	оно́	по́льзовалось	оно́	бу́дет	по́льзоваться
мы	по́льзуемся	мы	по́льзовались	мы	бу́дем	по́льзоваться
вы	по́льзуетесь	вы	по́льзовались	вы	бу́дете	по́льзоваться
они́	по́льзуются	они́	по́льзовались	они́	бу́дут	по́льзоваться

KONJUNKTIV

я	по́льзовался / по́льзовалась бы
ты	по́льзовался / по́льзовалась бы
он	по́льзовался бы
она́	по́льзовалась бы
оно́	по́льзовалось бы
мы	по́льзовались бы
вы	по́льзовались бы
они́	по́льзовались бы

PARTIZIPIEN

AP Präsens	по́льзуясь
P Präs. Aktiv	по́льзующийся
P Prät. Aktiv	по́льзовавшийся

IMPERATIV

По́льзуйся!
По́льзуйтесь!

PERFEKTIV
**воспо́льзо-
ваться**

помогáть
helfen

INDIKATIV

Präsens		Präteritum		Futur / IMPF		
я	помогáю	я	помогáл / помогáла	я	бýду	помогáть
ты	помогáешь	ты	помогáл / помогáла	ты	бýдешь	помогáть
он	помогáет	он	помогáл	он	бýдет	помогáть
онá	помогáет	онá	помогáла	онá	бýдет	помогáть
онó	помогáет	онó	помогáло	онó	бýдет	помогáть
мы	помогáем	мы	помогáли	мы	бýдем	помогáть
вы	помогáете	вы	помогáли	вы	бýдете	помогáть
они́	помогáют	они́	помогáли	они́	бýдут	помогáть

KONJUNKTIV

я	помогáл / помогáла бы
ты	помогáл / помогáла бы
он	помогáл бы
онá	помогáла бы
онó	помогáло бы
мы	помогáли бы
вы	помогáли бы
они́	помогáли бы

PARTIZIPIEN

AP	Präsens	помогáя
P	Präs. Aktiv	помогáющий
P	Prät. Aktiv	помогáвший

IMPERATIV

Помогáй!
Помогáйте!

PERFEKTIV

помóчь → 146

помóчь
helfen

INDIKATIV

Futur / PF		Präteritum	
я	помогý	я	помóг / помоглá
ты	помóжешь	ты	помóг / помоглá
он	помóжет	он	помóг
онá	помóжет	онá	помоглá
онó	помóжет	онó	помоглó
мы	помóжем	мы	помогли́
вы	помóжете	вы	помогли́
они́	помóгут	они́	помогли́

KONJUNKTIV

я	помóг / помоглá бы
ты	помóг / помоглá бы
он	помóг бы
онá	помоглá бы
онó	помоглó бы
мы	помогли́ бы
вы	помогли́ бы
они́	помогли́ бы

PARTIZIPIEN

AP	Präteritum	помóгши
P	Prät. Aktiv	помóгший

IMPERATIV

Помоги́!
Помоги́те!

IMPERFEKTIV

помогáть
→ 145

Perfektives Verb

ПОНЯ́ТЬ
verstehen

INDIKATIV

Futur / PF		Präteritum	
я	пойму́	я	по́нял / поняла́
ты	поймёшь	ты	по́нял / поняла́
он	поймёт	он	по́нял
она́	поймёт	она́	поняла́
оно́	поймёт	оно́	по́няло
мы	поймём	мы	по́няли
вы	поймёте	вы	по́няли
они́	пойму́т	они́	по́няли

KONJUNKTIV

я	по́нял / поняла́	бы
ты	по́нял / поняла́	бы
он	по́нял	бы
она́	поняла́	бы
оно́	по́няло	бы
мы	по́няли	бы
вы	по́няли	бы
они́	по́няли	бы

PARTIZIPIEN

AP	Präteritum	поня́в
P	Prät. Aktiv	поня́вший
P	Prät. Passiv	по́нятый
Kurzformen		по́нят
		понята́
		по́нято
		по́няты

IMPERATIV

Пойми́!
Пойми́те!

IMPERFEKTIV

понима́ть

Perfektives Verb

ПОСВЯТИ́ТЬ
widmen

INDIKATIV

Futur / PF		Präteritum	
я	посвящу́	я	посвяти́л / посвяти́ла
ты	посвяти́шь	ты	посвяти́л / посвяти́ла
он	посвяти́т	он	посвяти́л
она́	посвяти́т	она́	посвяти́ла
оно́	посвяти́т	оно́	посвяти́ло
мы	посвяти́м	мы	посвяти́ли
вы	посвяти́те	вы	посвяти́ли
они́	посвятя́т	они́	посвяти́ли

KONJUNKTIV

я	посвяти́л / посвяти́ла	бы
ты	посвяти́л / посвяти́ла	бы
он	посвяти́л	бы
она́	посвяти́ла	бы
оно́	посвяти́ло	бы
мы	посвяти́ли	бы
вы	посвяти́ли	бы
они́	посвяти́ли	бы

PARTIZIPIEN

AP	Präteritum	посвяти́в
P	Prät. Aktiv	посвяти́вший
P	Prät. Passiv	посвящённый
Kurzformen		посвящён
		посвящена́
		посвящено́
		посвящены́

IMPERATIV

Посвяти́!
Посвяти́те!

IMPERFEKTIV

посвяща́ть

посла́ть
schicken

INDIKATIV

Futur / PF

я	пошлю́
ты	пошлёшь
он	пошлёт
она́	пошлёт
оно́	пошлёт
мы	пошлём
вы	пошлёте
они́	пошлю́т

Präteritum

я	посла́л / посла́ла
ты	посла́л / посла́ла
он	посла́л
она́	посла́ла
оно́	посла́ло
мы	посла́ли
вы	посла́ли
они́	посла́ли

KONJUNKTIV

я	посла́л / посла́ла бы
ты	посла́л / посла́ла бы
он	посла́л бы
она́	посла́ла бы
оно́	посла́ло бы
мы	посла́ли бы
вы	посла́ли бы
они́	посла́ли бы

PARTIZIPIEN

AP	**Präteritum**	посла́в
P	**Prät. Aktiv**	посла́вший
P	**Prät. Passiv**	по́сланный
Kurzformen		по́слан
		по́слана
		по́слано
		по́сланы

IMPERATIV

Пошли́!
Пошли́те!

IMPERFEKTIV

посыла́ть

преодоле́ть
überwinden

INDIKATIV

Futur / PF

я	преодоле́ю
ты	преодоле́ешь
он	преодоле́ет
она́	преодоле́ет
оно́	преодоле́ет
мы	преодоле́ем
вы	преодоле́ете
они́	преодоле́ют

Präteritum

я	преодоле́л / преодоле́ла
ты	преодоле́л / преодоле́ла
он	преодоле́л
она́	преодоле́ла
оно́	преодоле́ло
мы	преодоле́ли
вы	преодоле́ли
они́	преодоле́ли

KONJUNKTIV

я	преодоле́л / преодоле́ла бы
ты	преодоле́л / преодоле́ла бы
он	преодоле́л бы
она́	преодоле́ла бы
оно́	преодоле́ло бы
мы	преодоле́ли бы
вы	преодоле́ли бы
они́	преодоле́ли бы

PARTIZIPIEN

AP	**Präteritum**	преодоле́в
P	**Prät. Aktiv**	преодоле́вший
P	**Prät. Passiv**	преодолённый
Kurzformen		преодолён
		преодолена́
		преодолено́
		преодолены́

IMPERATIV

Преодоле́й!
Преодоле́йте!

IMPERFEKTIV

преодолева́ть

пригласи́ть
einladen

INDIKATIV

Futur / PF		**Präteritum**	
я	приглашу́	я	пригласи́л / пригласи́ла
ты	пригласи́шь	ты	пригласи́л / пригласи́ла
он	пригласи́т	он	пригласи́л
она́	пригласи́т	она́	пригласи́ла
оно́	пригласи́т	оно́	пригласи́ло
мы	пригласи́м	мы	пригласи́ли
вы	пригласи́те	вы	пригласи́ли
они́	приглася́т	они́	пригласи́ли

KONJUNKTIV

я	пригласи́л / пригласи́ла бы
ты	пригласи́л / пригласи́ла бы
он	пригласи́л бы
она́	пригласи́лабы
оно́	пригласи́лобы
мы	пригласи́либы
вы	пригласи́либы
они́	пригласи́либы

PARTIZIPIEN

AP Präteritum	пригласи́в
P Prät. Aktiv	пригласи́вший
P Prät. Passiv	приглашённый
Kurzformen	приглашён
	приглашена́
	приглашено́
	приглашены́

IMPERATIV

Пригласи́!
Пригласи́те!

IMPERFEKTIV
приглаша́ть

признава́ть
gestehen, anerkennen

INDIKATIV

Präsens		**Präteritum**		**Futur** / IMPF		
я	признаю́	я	признава́л / признава́ла	я	бу́ду	признава́ть
ты	признаёшь	ты	признава́л / признава́ла	ты	бу́дешь	признава́ть
он	признаёт	он	признава́л	он	бу́дет	признава́ть
она́	признаёт	она́	признава́ла	она́	бу́дет	признава́ть
оно́	признаёт	оно́	признава́ло	оно́	бу́дет	признава́ть
мы	признаём	мы	признава́ли	мы	бу́дем	признава́ть
вы	признаёте	вы	признава́ли	вы	бу́дете	признава́ть
они́	признаю́т	они́	признава́ли	они́	бу́дут	признава́ть

KONJUNKTIV

я	признава́л / признава́ла бы
ты	признава́л / признава́ла бы
он	признава́л бы
она́	признава́ла бы
оно́	признава́ло бы
мы	признава́ли бы
вы	признава́ли бы
они́	признава́ли бы

PARTIZIPIEN

AP Präsens	признава́я
P Präs. Aktiv	признаю́щий
P Präs. Passiv	признава́емый
P Prät. Aktiv	признава́вший

IMPERATIV

Признава́й!
Признава́йте!

PERFEKTIV
призна́ть

принять
annehmen

INDIKATIV

Futur / PF | **Präteritum**

я приму́	я при́нял / приняла́
ты при́мешь	ты при́нял / приняла́
он при́мет	он при́нял
она́ при́мет	она́ приняла́
оно́ при́мет	оно́ при́няло
мы при́мем	мы при́няли
вы при́мете	вы при́няли
они́ при́мут	они́ при́няли

KONJUNKTIV

я при́нял / приняла́ бы
ты при́нял / приняла́ бы
он при́нял бы
она́ приняла́ бы
оно́ при́няло бы
мы при́няли бы
вы при́няли бы
они́ при́няли бы

PARTIZIPIEN

AP Präteritum приня́в
P Prät. Aktiv приня́вший
P Prät. Passiv при́нятый
Kurzformen при́нят
приня́та
при́нято
при́няты

IMPERATIV

Прими́!
Прими́те!

IMPERFEKTIV
принима́ть

продава́ть
verkaufen

INDIKATIV

Präsens | **Präteritum** | **Futur** / IMPF

я прода́ю	я продава́л / продава́ла	я бу́ду продава́ть
ты прода́ёшь	ты продава́л / продава́ла	ты бу́дешь продава́ть
он прода́ёт	он продава́л	он бу́дет продава́ть
она́ прода́ёт	она́ продава́ла	она́ бу́дет продава́ть
оно́ прода́ёт	оно́ продава́ло	оно́ бу́дет продава́ть
мы прода́ём	мы продава́ли	мы бу́дем продава́ть
вы прода́ёте	вы продава́ли	вы бу́дете продава́ть
они́ прода́ют	они́ продава́ли	они́ бу́дут продава́ть

KONJUNKTIV

я продава́л / продава́ла бы
ты продава́л / продава́ла бы
он продава́л бы
она́ продава́ла бы
оно́ продава́ло бы
мы продава́ли бы
вы продава́ли бы
они́ продава́ли бы

PARTIZIPIEN

AP Präsens продава́я
P Präs. Aktiv продаю́щий
P Präs. Passiv продава́емый
P Prät. Aktiv продава́вший

IMPERATIV

Продава́й!
Продава́йте!

PERFEKTIV
прода́ть → 155

Perfektives Verb

продáть
verkaufen

INDIKATIV

Futur / PF

я	прода́м
ты	прода́шь
он	прода́ст
она́	прода́ст
оно́	прода́ст
мы	продади́м
вы	продади́те
они́	продаду́т

Präteritum

я	прода́л / продала́
ты	прода́л / продала́
он	прода́л
она́	продала́
оно́	прода́ло
мы	прода́ли
вы	прода́ли
они́	прода́ли

KONJUNKTIV

я	прода́л / продала́ бы
ты	прода́л / продала́ бы
он	прода́л бы
она́	продала́ бы
оно́	прода́ло бы
мы	прода́ли бы
вы	прода́ли бы
они́	прода́ли бы

PARTIZIPIEN

AP	**Präteritum**	прода́в
P	**Prät. Aktiv**	прода́вший
P	**Prät. Passiv**	про́данный
Kurzformen		про́дан
		про́дано
		продана́
		про́даны

IMPERATIV

Прода́й!
Прода́йте!

IMPERFEKTIV

продава́ть
→ **154**

Imperfektives Verb

проси́ть
bitten

INDIKATIV

Präsens		**Präteritum**		**Futur** / IMPF		
я	прошу́	я	проси́л / проси́ла	я	бу́ду	проси́ть
ты	про́сишь	ты	проси́л / проси́ла	ты	бу́дешь	проси́ть
он	про́сит	он	проси́л	он	бу́дет	проси́ть
она́	про́сит	она́	проси́ла	она́	бу́дет	проси́ть
оно́	про́сит	оно́	проси́ло	оно́	бу́дет	проси́ть
мы	про́сим	мы	проси́ли	мы	бу́дем	проси́ть
вы	про́сите	вы	проси́ли	вы	бу́дете	проси́ть
они́	про́сят	они́	проси́ли	они́	бу́дут	проси́ть

KONJUNKTIV

я	проси́л / проси́ла бы
ты	проси́л / проси́ла бы
он	проси́л бы
она́	проси́ла бы
оно́	проси́ло бы
мы	проси́ли бы
вы	проси́ли бы
они́	проси́ли бы

PARTIZIPIEN

AP	**Präsens**	прося́
P	**Präs. Aktiv**	прося́щий
P	**Prät. Aktiv**	проси́вший
P	**Prät. Passiv**	проси́мый

IMPERATIV

Проси́!
Проси́те!

PERFEKTIV

попроси́ть

развить
entwickeln

INDIKATIV

Futur / PF

я	разовью́
ты	разовьёшь
он	разовьёт
она́	разовьёт
оно́	разовьёт
мы	разовьём
вы	разовьёте
они́	разовью́т

Präteritum

я	разви́л / развила́
ты	разви́л / развила́
он	разви́л
она́	развила́
оно́	разви́ло
мы	разви́ли
вы	разви́ли
они́	разви́ли

KONJUNKTIV

я	разви́л / развила́ бы
ты	разви́л / развила́ бы
он	разви́л бы
она́	развила́ бы
оно́	разви́ло бы
мы	разви́ли бы
вы	разви́ли бы
они́	разви́ли бы

PARTIZIPIEN

AP	**Präteritum**	разви́в
P	**Prät. Aktiv**	разви́вший
P	**Prät. Passiv**	ра́звитый
	Kurzformen	ра́звит
		развита́
		ра́звито
		ра́звиты

IMPERATIV

Разве́й!
Разве́йте!

IMPERFEKTIV
развива́ть

расти́
wachsen

INDIKATIV

Präsens

я	расту́
ты	растёшь
он	растёт
она́	растёт
оно́	растёт
мы	растём
вы	растёте
они́	расту́т

Präteritum

я	рос / росла́
ты	рос / росла́
он	рос
она́	росла́
оно́	росло́
мы	росли́
вы	росли́
они́	росли́

Futur / IMPF

я	бу́ду	расти́
ты	бу́дешь	расти́
он	бу́дет	расти́
она́	бу́дет	расти́
оно́	бу́дет	расти́
мы	бу́дем	расти́
вы	бу́дете	расти́
они́	бу́дут	расти́

KONJUNKTIV

я	рос / росла́ бы
ты	рос / росла́ бы
он	рос бы
она́	росла́ бы
оно́	росло́ бы
мы	росли́ бы
вы	росли́ бы
они́	росли́ бы

PARTIZIPIEN

P	**Präs. Aktiv**	расту́щий
AP	**Präteritum**	ро́сши
P	**Prät. Aktiv**	ро́сший

IMPERATIV

Расти́!
Расти́те!

PERFEKTIV
вы́расти

Imperfektives Verb

рвать
reißen

INDIKATIV

Präsens		Präteritum		Futur / IMPF		
я	рву	я	рвал / рвала́	я	бу́ду	рвать
ты	рвёшь	ты	рвал / рвала́	ты	бу́дешь	рвать
он	рвёт	он	рвал	он	бу́дет	рвать
она́	рвёт	она́	рвала́	она́	бу́дет	рвать
оно́	рвёт	оно́	рва́ло	оно́	бу́дет	рвать
мы	рвём	мы	рва́ли	мы	бу́дем	рвать
вы	рвёте	вы	рва́ли	вы	бу́дете	рвать
они́	рвут	они́	рва́ли	они́	бу́дут	рвать

KONJUNKTIV

я	рвал / рвала́ бы
ты	рвал / рвала́ бы
он	рвал бы
она́	рвала́ бы
оно́	рва́ло бы
мы	рва́ли бы
вы	рва́ли бы
они́	рва́ли бы

PARTIZIPIEN

P	Präs. Aktiv	рву́щий
AP	Präteritum	рвав
P	Prät. Aktiv	рва́вший

IMPERATIV

Рви!
Рви́те!

PERFEKTIV
сорва́ть
разорва́ть
вырва́ть
рвану́ть

Imperfektives Verb

ре́зать
schneiden

INDIKATIV

Präsens		Präteritum		Futur / IMPF		
я	ре́жу	я	ре́зал / ре́зала	я	бу́ду	ре́зать
ты	ре́жешь	ты	ре́зал / ре́зала	ты	бу́дешь	ре́зать
он	ре́жет	он	ре́зал	он	бу́дет	ре́зать
она́	ре́жет	она́	ре́зала	она́	бу́дет	ре́зать
оно́	ре́жет	оно́	ре́зало	оно́	бу́дет	ре́зать
мы	ре́жем	мы	ре́зали	мы	бу́дем	ре́зать
вы	ре́жете	вы	ре́зали	вы	бу́дете	ре́зать
они́	ре́жут	они́	ре́зали	они́	бу́дут	ре́зать

KONJUNKTIV

я	ре́зал / ре́зала бы
ты	ре́зал / ре́зала бы
он	ре́зал бы
она́	ре́зала бы
оно́	ре́зало бы
мы	ре́зали бы
вы	ре́зали бы
они́	ре́зали бы

PARTIZIPIEN

P	Präs. Aktiv	ре́жущий
AP	Präteritum	ре́зав
P	Prät. Aktiv	ре́завший
P	Prät. Passiv	ре́заный (adj)

IMPERATIV

Режь!
Ре́жьте!

PERFEKTIV
разре́зать

садиться
sich setzen

INDIKATIV

Präsens		Präteritum		Futur / IMPF		
я	сажу́сь	я	сади́лся / сади́лась	я	бу́ду	сади́ться
ты	сади́шься	ты	сади́лся / сади́лась	ты	бу́дешь	сади́ться
он	сади́тся	он	сади́лся	он	бу́дет	сади́ться
она́	сади́тся	она́	сади́лась	она́	бу́дет	сади́ться
оно́	сади́тся	оно́	сади́лось	оно́	бу́дет	сади́ться
мы	сади́мся	мы	сади́лись	мы	бу́дем	сади́ться
вы	сади́тесь	вы	сади́лись	вы	бу́дете	сади́ться
они́	садя́тся	они́	сади́лись	они́	бу́дут	сади́ться

KONJUNKTIV

я	сади́лся / сади́лась бы
ты	сади́лся / сади́лась бы
он	сади́лся бы
она́	сади́лась бы
оно́	сади́лось бы
мы	сади́лись бы
вы	сади́лись бы
они́	сади́лись бы

PARTIZIPIEN

AP	Präsens	садя́сь
P	Präs. Aktiv	садя́щийся
P	Prät. Aktiv	сади́вшийся

IMPERATIV

Сади́сь!
Сади́тесь!

PERFEKTIV

сесть → **163**

сделать
machen, tun

INDIKATIV

Futur / PF		Präteritum	
я	сде́лаю	я	сде́лал / сде́лала
ты	сде́лаешь	ты	сде́лал / сде́лала
он	сде́лает	он	сде́лал
она́	сде́лает	она́	сде́лала
оно́	сде́лает	оно́	сде́лало
мы	сде́лаем	мы	сде́лали
вы	сде́лаете	вы	сде́лали
они́	сде́лают	они́	сде́лали

KONJUNKTIV

я	сде́лал / сде́лала	бы
ты	сде́лал / сде́лала	бы
он	сде́лал	бы
она́	сде́лала	бы
оно́	сде́лало	бы
мы	сде́лали	бы
вы	сде́лали	бы
они́	сде́лали	бы

PARTIZIPIEN

AP	Präteritum	сде́лав
P	Prät. Aktiv	сде́лавший
P	Prät. Passiv	сде́ланный
Kurzformen		сде́лан
		сде́лана
		сде́лано
		сде́ланы

IMPERATIV

Сде́лай!
Сде́лайте!

IMPERFEKTIV

де́лать → **52**

сесть
sich setzen

INDIKATIV

Futur / PF		**Präteritum**	
я	ся́ду	я	сел / сéла
ты	ся́дешь	ты	сел / сéла
он	ся́дет	он	сел
она́	ся́дет	она́	сéла
оно́	ся́дет	оно́	сéло
мы	ся́дем	мы	сéли
вы	ся́дете	вы	сéли
они́	ся́дут	они́	сéли

KONJUNKTIV

я	сел / сéла	бы
ты	сел / сéла	бы
он	сел	бы
она́	сéла	бы
оно́	сéло	бы
мы	сéли	бы
вы	сéли	бы
они́	сéли	бы

PARTIZIPIEN

AP Präteritum	сев
P Prät. Aktiv	сéвший

IMPERATIV

Сядь!
Ся́дьте!

IMPERFEKTIV

сади́ться
→ **161**

сиде́ть
sitzen

INDIKATIV

Präsens		**Präteritum**		**Futur** / IMPF		
я	сижу́	я	сиде́л / сиде́ла	я	бу́ду	сиде́ть
ты	сиди́шь	ты	сиде́л / сиде́ла	ты	бу́дешь	сиде́ть
он	сиди́т	он	сиде́л	он	бу́дет	сиде́ть
она́	сиди́т	она́	сиде́ла	она́	бу́дет	сиде́ть
оно́	сиди́т	оно́	сиде́ло	оно́	бу́дет	сиде́ть
мы	сиди́м	мы	сиде́ли	мы	бу́дем	сиде́ть
вы	сиди́те	вы	сиде́ли	вы	бу́дете	сиде́ть
они́	сидя́т	они́	сиде́ли	они́	бу́дут	сиде́ть

KONJUNKTIV

я	сиде́л / сиде́ла	бы
ты	сиде́л / сиде́ла	бы
он	сиде́л	бы
она́	сиде́ла	бы
оно́	сиде́ло	бы
мы	сиде́ли	бы
вы	сиде́ли	бы
они́	сиде́ли	бы

PARTIZIPIEN

AP Präsens	сидя́
P Präs. Aktiv	сидя́щий
AP Präteritum	сиде́в
P Prät. Aktiv	сиде́вший

IMPERATIV

Сиди́!
Сиди́те!

PERFEKTIV

посиде́ть

сказа́ть
sagen

INDIKATIV

Futur / PF

я	скажу́
ты	ска́жешь
он	ска́жет
она́	ска́жет
оно́	ска́жет
мы	ска́жем
вы	ска́жете
они́	ска́жут

Präteritum

я	сказа́л / сказа́ла
ты	сказа́л / сказа́ла
он	сказа́л
она́	сказа́ла
оно́	сказа́ло
мы	сказа́ли
вы	сказа́ли
они́	сказа́ли

KONJUNKTIV

я	сказа́л / сказа́ла	бы
ты	сказа́л / сказа́ла	бы
он	сказа́л	бы
она́	сказа́ла	бы
оно́	сказа́ло	бы
мы	сказа́ли	бы
вы	сказа́ли	бы
они́	сказа́ли	бы

PARTIZIPIEN

AP	**Präteritum**	сказа́в
P	**Prät. Aktiv**	сказа́вший
P	**Prät. Passiv**	ска́занный
Kurzformen		ска́зан
		ска́зана
		ска́зано
		ска́заны

IMPERATIV

Скажи́!
Скажи́те!

IMPERFEKTIV
говори́ть
→ 42

слить
weggießen

INDIKATIV

Futur / PF

я	солью́
ты	сольёшь
он	сольёт
она́	сольёт
оно́	сольёт
мы	сольём
вы	сольёте
они́	солью́т

Präteritum

я	слил / слила́
ты	слил / слила́
он	слил
она́	слила́
оно́	сли́ло
мы	сли́ли
вы	сли́ли
они́	сли́ли

KONJUNKTIV

я	слил / слила́	бы
ты	слил / слила́	бы
он	слил	бы
она́	слила́	бы
оно́	сли́ло	бы
мы	сли́ли	бы
вы	сли́ли	бы
они́	сли́ли	бы

PARTIZIPIEN

AP	**Präteritum**	слив
P	**Prät. Aktiv**	сли́вший
P	**Prät. Passiv**	сли́тый
Kurzformen		слит
		слита́
		сли́то
		сли́ты

IMPERATIV

Слей!
Слейте!

IMPERFEKTIV
лить → 106

Imperfektives Verb

слу́шать
zuhören

INDIKATIV

Präsens		Präteritum		Futur / IMPF	
я	слу́шаю	я	слу́шал / слу́шала	я	бу́ду слу́шать
ты	слу́шаешь	ты	слу́шал / слу́шала	ты	бу́дешь слу́шать
он	слу́шает	он	слу́шал	он	бу́дет слу́шать
она́	слу́шает	она́	слу́шала	она́	бу́дет слу́шать
оно́	слу́шает	оно́	слу́шало	оно́	бу́дет слу́шать
мы	слу́шаем	мы	слу́шали	мы	бу́дем слу́шать
вы	слу́шаете	вы	слу́шали	вы	бу́дете слу́шать
они́	слу́шают	они́	слу́шали	они́	бу́дут слу́шать

KONJUNKTIV

я	слу́шал / слу́шала бы
ты	слу́шал / слу́шала бы
он	слу́шал бы
она́	слу́шала бы
оно́	слу́шало бы
мы	слу́шали бы
вы	слу́шали бы
они́	слу́шали бы

PARTIZIPIEN

AP	Präsens	слу́шая
P	Präs. Aktiv	слу́шающий
P	Präs. Passiv	слу́шаемый
P	Prät. Aktiv	слу́шавший
P	Prät. Passiv	слу́шанный
Kurzformen		слу́шан
		слу́шана
		слу́шано
		слу́шаны

IMPERATIV

Слу́шай!
Слу́шайте!

PERFEKTIV

послу́шать

Imperfektives Verb

слы́шать
hören

INDIKATIV

Präsens		Präteritum		Futur / IMPF	
я	слы́шу	я	слы́шал / слы́шала	я	бу́ду слы́шать
ты	слы́шишь	ты	слы́шал / слы́шала	ты	бу́дешь слы́шать
он	слы́шит	он	слы́шал	он	бу́дет слы́шать
она́	слы́шит	она́	слы́шала	она́	бу́дет слы́шать
оно́	слы́шит	оно́	слы́шало	оно́	бу́дет слы́шать
мы	слы́шим	мы	слы́шали	мы	бу́дем слы́шать
вы	слы́шите	вы	слы́шали	вы	бу́дете слы́шать
они́	слы́шат	они́	слы́шали	они́	бу́дут слы́шать

KONJUNKTIV

я	слы́шал / слы́шала бы
ты	слы́шал / слы́шала бы
он	слы́шал бы
она́	слы́шала бы
оно́	слы́шало бы
мы	слы́шали бы
вы	слы́шали бы
они́	слы́шали бы

PARTIZIPIEN

AP	Präsens	слы́ша
P	Präs. Aktiv	слы́шащий
P	Präs. Passiv	слы́шимый
P	Prät. Aktiv	слы́шавший

IMPERATIV

—
—

PERFEKTIV

услы́шать

смея́ться
lachen

INDIKATIV

Präsens		Präteritum		Futur / IMPF		
я	смею́сь	я	смея́лся / смея́лась	я	бу́ду	смея́ться
ты	смеёшься	ты	смея́лся / смея́лась	ты	бу́дешь	смея́ться
он	смеётся	он	смея́лся	он	бу́дет	смея́ться
она́	смеётся	она́	смея́лась	она́	бу́дет	смея́ться
оно́	смеётся	оно́	смея́лось	оно́	бу́дет	смея́ться
мы	смеёмся	мы	смея́лись	мы	бу́дем	смея́ться
вы	смеётесь	вы	смея́лись	вы	бу́дете	смея́ться
они́	смею́тся	они́	смея́лись	они́	бу́дут	смея́ться

KONJUNKTIV

я	смея́лся / смея́лась бы
ты	смея́лся / смея́лась бы
он	смея́лся бы
она́	смея́лась бы
оно́	смея́лось бы
мы	смея́лись бы
вы	смея́лись бы
они́	смея́лись бы

PARTIZIPIEN

AP	Präsens	смея́сь
P	Präs. Aktiv	смею́щийся
P	Prät. Aktiv	смея́вшийся

IMPERATIV

Сме́йся!
Сме́йтесь!

PERFEKTIV

посмея́ться

сова́ть
hineinstecken, zustecken

INDIKATIV

Präsens		Präteritum		Futur / IMPF		
я	сую́	я	сова́л / сова́ла	я	бу́ду	сова́ть
ты	суёшь	ты	сова́л / сова́ла	ты	бу́дешь	сова́ть
он	суёт	он	сова́л	он	бу́дет	сова́ть
она́	суёт	она́	сова́ла	она́	бу́дет	сова́ть
оно́	суёт	оно́	сова́ло	оно́	бу́дет	сова́ть
мы	суём	мы	сова́ли	мы	бу́дем	сова́ть
вы	суёте	вы	сова́ли	вы	бу́дете	сова́ть
они́	сую́т	они́	сова́ли	они́	бу́дут	сова́ть

KONJUNKTIV

я	сова́л / сова́ла бы
ты	сова́л / сова́ла бы
он	сова́л бы
она́	сова́ла бы
оно́	сова́ло бы
мы	сова́ли бы
вы	сова́ли бы
они́	сова́ли бы

PARTIZIPIEN

AP	Präsens	суя́
P	Präs. Aktiv	сую́щий

IMPERATIV

Суй!
Су́йте!

PERFEKTIV

су́нуть

Imperfektives Verb

совéтовать
raten, empfehlen

INDIKATIV

Präsens		Präteritum		Futur / IMPF		
я	совéтую	я	совéтовал / совéтовала	я	бýду	совéтовать
ты	совéтуешь	ты	совéтовал / совéтовала	ты	бýдешь	совéтовать
он	совéтует	он	совéтовал	он	бýдет	совéтовать
онá	совéтует	онá	совéтовала	онá	бýдет	совéтовать
онó	совéтует	онó	совéтовало	онó	бýдет	совéтовать
мы	совéтуем	мы	совéтовали	мы	бýдем	совéтовать
вы	совéтуете	вы	совéтовали	вы	бýдете	совéтовать
онú	совéтуют	онú	совéтовали	онú	бýдут	совéтовать

KONJUNKTIV

я	совéтовал / совéтовала	бы
ты	совéтовал / совéтовала	бы
он	совéтовал	бы
онá	совéтовала	бы
онó	совéтовало	бы
мы	совéтовали	бы
вы	совéтовали	бы
онú	совéтовали	бы

PARTIZIPIEN

AP Präsens	совéтуя
P Präs. Aktiv	совéтующий
P Prät. Aktiv	совéтавший

IMPERATIV

Совéтуй!
Совéтуйте!

PERFEKTIV
посовéтовать

Perfektives Verb

согласúться
einverstanden sein

INDIKATIV

Futur / PF		Präteritum	
я	соглашýсь	я	согласúлся / согласúлась
ты	согласúшься	ты	согласúлся / согласúлась
он	согласúтся	он	согласúлся
онá	согласúтся	онá	согласúлась
онó	согласúтся	онó	согласúлось
мы	согласúмся	мы	согласúлись
вы	согласúтесь	вы	согласúлись
онú	согласáтся	онú	согласúлись

KONJUNKTIV

я	согласúлся / согласúлась	бы
ты	согласúлся / согласúлась	бы
он	согласúлся	бы
онá	согласúлась	бы
онó	согласúлось	бы
мы	согласúлись	бы
вы	согласúлись	бы
онú	согласúлись	бы

PARTIZIPIEN

AP Präteritum	согласúвшись
P Prät. Aktiv	согласúвшийся

IMPERATIV

Согласúсь!
Согласúтесь!

IMPERFEKTIV
соглашáться

сообщить
mitteilen

INDIKATIV

Futur / PF

я	сообщу́
ты	сообщи́шь
он	сообщи́т
она́	сообщи́т
оно́	сообщи́т
мы	сообщи́м
вы	сообщи́те
они́	сообща́т

Präteritum

я	сообщи́л / сообщи́ла
ты	сообщи́л / сообщи́ла
он	сообщи́л
она́	сообщи́ла
оно́	сообщи́ло
мы	сообщи́ли
вы	сообщи́ли
они́	сообщи́ли

KONJUNKTIV

я	сообщи́л / сообщи́ла бы
ты	сообщи́л / сообщи́ла бы
он	сообщи́л бы
она́	сообщи́ла бы
оно́	сообщи́ло бы
мы	сообщи́ли бы
вы	сообщи́ли бы
они́	сообщи́ли бы

PARTIZIPIEN

AP	Präteritum	сообщи́в
P	Prät. Aktiv	сообщи́вший
P	Prät. Passiv	сообщённый
Kurzformen		сообщён
		сообщена́
		сообщено́
		сообщены́

IMPERATIV

Сообщи́!
Сообщи́те!

IMPERFEKTIV

сообща́ть

спать
schlafen

INDIKATIV

Präsens		**Präteritum**		**Futur** / IMPF	
я	сплю	я	спал / спала́	я	бу́ду спать
ты	спишь	ты	спал / спала́	ты	бу́дешь спать
он	спит	он	спал	он	бу́дет спать
она́	спит	она́	спала́	она́	бу́дет спать
оно́	спит	оно́	спа́ло	оно́	бу́дет спать
мы	спим	мы	спа́ли	мы	бу́дем спать
вы	спи́те	вы	спа́ли	вы	бу́дете спать
они́	спят	они́	спа́ли	они́	бу́дут спать

KONJUNKTIV

я	спал / спала́ бы
ты	спал / спала́ бы
он	спал бы
она́	спала́ бы
оно́	спа́ло бы
мы	спа́ли бы
вы	спа́ли бы
они́	спа́ли бы

PARTIZIPIEN

P	Präs. Aktiv	спя́щий
AP	Präteritum	спав
P	Prät. Aktiv	спа́вший

IMPERATIV

Спи!
Спи́те!

PERFEKTIV

поспа́ть

Imperfektives Verb

станови́ться
werden

INDIKATIV

Präsens		Präteritum		Futur / IMPF		
я	становлю́сь	я	станови́лся / станови́лась	я	бу́ду	станови́ться
ты	стано́вишься	ты	станови́лся / станови́лась	ты	бу́дешь	станови́ться
он	стано́вится	он	станови́лся	он	бу́дет	станови́ться
она́	стано́вится	она́	станови́лась	она́	бу́дет	станови́ться
оно́	стано́вится	оно́	станови́лось	оно́	бу́дет	станови́ться
мы	стано́вимся	мы	станови́лись	мы	бу́дем	станови́ться
вы	стано́витесь	вы	станови́лись	вы	бу́дете	станови́ться
они́	стано́вятся	они́	станови́лись	они́	бу́дут	станови́ться

KONJUNKTIV

я	станови́лся / станови́лась бы
ты	станови́лся / станови́лась бы
он	станови́лся бы
она́	станови́лась бы
оно́	станови́лось бы
мы	станови́лись бы
вы	станови́лись бы
они́	станови́лись бы

PARTIZIPIEN

AP	Präsens	становя́сь
P	Präs. Aktiv	становя́щийся
P	Prät. Aktiv	станови́вшийся

IMPERATIV

Станови́сь!
Станови́тесь!

PERFEKTIV

стать → 176

Perfektives Verb

стать
werden

INDIKATIV

Futur / PF		Präteritum	
я	ста́ну	я	стал / ста́ла
ты	ста́нешь	ты	стал / ста́ла
он	ста́нет	он	стал
она́	ста́нет	она́	ста́ла
оно́	ста́нет	оно́	ста́ло
мы	ста́нем	мы	ста́ли
вы	ста́нете	вы	ста́ли
они́	ста́нут	они́	ста́ли

KONJUNKTIV

я	стал / ста́ла бы
ты	стал / ста́ла бы
он	стал бы
она́	ста́ла бы
оно́	ста́ло бы
мы	ста́ли бы
вы	ста́ли бы
они́	ста́ли бы

PARTIZIPIEN

AP	Präteritum	став
P	Prät. Aktiv	ста́вший

IMPERATIV

Стань!
Ста́ньте!

IMPERFEKTIV

станови́ться
→ 175

стелить

machen *(Bett)*; auflegen *(Tischtuch)*

INDIKATIV

Präsens		**Präteritum**		**Futur** / IMPF		
я	стелю́	я	стели́л / стели́ла	я	бу́ду	стели́ть
ты	сте́лешь	ты	стели́л / стели́ла	ты	бу́дешь	стели́ть
он	сте́лет	он	стели́л	он	бу́дет	стели́ть
она́	сте́лет	она́	стели́ла	она́	бу́дет	стели́ть
оно́	сте́лет	оно́	стели́ло	оно́	бу́дет	стели́ть
мы	сте́лем	мы	стели́ли	мы	бу́дем	стели́ть
вы	сте́лите	вы	стели́ли	вы	бу́дете	стели́ть
они́	сте́лют	они́	стели́ли	они́	бу́дут	стели́ть

KONJUNKTIV

я	стели́л / стели́ла	бы
ты	стели́л / стели́ла	бы
он	стели́л	бы
она́	стели́ла бы	
оно́	стели́ло бы	
мы	стели́ли бы	
вы	стели́ли бы	
они́	стели́ли бы	

PARTIZIPIEN

AP	**Präsens**	стеля́
P	**Präs. Aktiv**	сте́лющий
P	**Prät. Aktiv**	стели́вший
P	**Prät. Passiv**	сте́ленный

IMPERATIV

Стели́!
Стели́те!

PERFEKTIV

постели́ть

стере́ть

löschen

INDIKATIV

Futur / PF		**Präteritum**	
я	сотру́	я	стёр / стёрла
ты	сотрёшь	ты	стёр / стёрла
он	сотрёт	он	стёр
она́	сотрёт	она́	стёрла
оно́	сотрёт	оно́	стёрло
мы	сотрём	мы	стёрли
вы	сотрёте	вы	стёрли
они́	сотру́т	они́	стёрли

KONJUNKTIV

я	стёр / стёрла бы	
ты	стёр / стёрла бы	
он	стёр	бы
она́	стёрла бы	
оно́	стёрло бы	
мы	стёрли бы	
вы	стёрли бы	
они́	стёрли бы	

PARTIZIPIEN

AP	**Präteritum**	стере́в
P	**Prät. Aktiv**	стёрший
P	**Prät. Passiv**	стёртый
Kurzformen		стёрт
		стёрта
		стёрто
		стёрты

IMPERATIV

Сотри́!
Сотри́те!

IMPERFEKTIV

стира́ть → **179**

Imperfektives Verb

стира́ть

1. löschen; 2. (Wäsche) waschen

INDIKATIV

Präsens		Präteritum		Futur / IMPF	
я	стира́ю	я	стира́л / стира́ла	я	бу́ду стира́ть
ты	стира́ешь	ты	стира́л / стира́ла	ты	бу́дешь стира́ть
он	стира́ет	он	стира́л	он	бу́дет стира́ть
она́	стира́ет	она́	стира́ла	она́	бу́дет стира́ть
оно́	стира́ет	оно́	стира́ло	оно́	бу́дет стира́ть
мы	стира́ем	мы	стира́ли	мы	бу́дем стира́ть
вы	стира́ете	вы	стира́ли	вы	бу́дете стира́ть
они́	стира́ют	они́	стира́ли	они́	бу́дут стира́ть

KONJUNKTIV

я	стира́л / стира́ла бы
ты	стира́л / стира́ла бы
он	стира́л бы
она́	стира́ла бы
оно́	стира́ло бы
мы	стира́ли бы
вы	стира́ли бы
они́	стира́ли бы

PARTIZIPIEN

AP	Präsens	стира́я
P	Präs. Aktiv	стира́ющий
P	Präs. Passiv	стира́емый
P	Prät. Aktiv	стира́вший
P	Prät. Passiv	сти́раный (adj)

IMPERATIV

Стира́й!
Стира́йте!

PERFEKTIV

1. стере́ть
→ 178
2. вы́стирать

Imperfektives Verb

сто́ить

kosten

INDIKATIV

Präsens		Präteritum		Futur / IMPF	
я	сто́ю	я	сто́ил / сто́ила	я	бу́ду сто́ить
ты	сто́ишь	ты	сто́ил / сто́ила	ты	бу́дешь сто́ить
он	сто́ит	он	сто́ил	он	бу́дет сто́ить
она́	сто́ит	она́	сто́ила	она́	бу́дет сто́ить
оно́	сто́ит	оно́	сто́ило	оно́	бу́дет сто́ить
мы	сто́им	мы	сто́или	мы	бу́дем сто́ить
вы	сто́ите	вы	сто́или	вы	бу́дете сто́ить
они́	стоя́т	они́	сто́или	они́	бу́дут сто́ить

KONJUNKTIV

я	сто́ил / сто́ила бы
ты	сто́ил / сто́ила бы
он	сто́ил бы
она́	сто́ила бы
оно́	сто́ило бы
мы	сто́или бы
вы	сто́или бы
они́	сто́или бы

PARTIZIPIEN

AP	Präsens	сто́я
P	Präs. Aktiv	сто́ящий
P	Prät. Aktiv	сто́ивший

IMPERATIV

—
—

PERFEKTIV

—

стоять
stehen

INDIKATIV

Präsens		Präteritum		Futur / IMPF		
я	стою́	я	стоя́л / стоя́ла	я	бу́ду	стоя́ть
ты	стои́шь	ты	стоя́л / стоя́ла	ты	бу́дешь	стоя́ть
он	стои́т	он	стоя́л	он	бу́дет	стоя́ть
она́	стои́т	она́	стоя́ла	она́	бу́дет	стоя́ть
оно́	стои́т	оно́	стоя́ло	оно́	бу́дет	стоя́ть
мы	стои́м	мы	стоя́ли	мы	бу́дем	стоя́ть
вы	стои́те	вы	стоя́ли	вы	бу́дете	стоя́ть
они́	стоя́т	они́	стоя́ли	они́	бу́дут	стоя́ть

KONJUNKTIV

я	стоя́л / стоя́ла бы
ты	стоя́л / стоя́ла бы
он	стоя́л бы
она́	стоя́ла бы
оно́	стоя́ло бы
мы	стоя́ли бы
вы	стоя́ли бы
они́	стоя́ли бы

PARTIZIPIEN

AP	Präsens	стоя́
P	Präs. Aktiv	стоя́щий
P	Prät. Aktiv	стоя́вший

IMPERATIV

Стой!
Сто́йте!

PERFEKTIV

—

стричь
schneiden (Haare)

INDIKATIV

Präsens		Präteritum		Futur / IMPF		
я	стригу́	я	стриг / стри́гла	я	бу́ду	стричь
ты	стрижёшь	ты	стриг / стри́гла	ты	бу́дешь	стричь
он	стрижёт	он	стриг	он	бу́дет	стричь
она́	стрижёт	она́	стри́гла	она́	бу́дет	стричь
оно́	стрижёт	оно́	стри́гло	оно́	бу́дет	стричь
мы	стрижём	мы	стри́гли	мы	бу́дем	стричь
вы	стрижёте	вы	стри́гли	вы	бу́дете	стричь
они́	стригу́т	они́	стри́гли	они́	бу́дут	стричь

KONJUNKTIV

я	стриг / стри́гла бы
ты	стриг / стри́гла бы
он	стриг бы
она́	стри́гла бы
оно́	стри́гло бы
мы	стри́гли бы
вы	стри́гли бы
они́	стри́гли бы

PARTIZIPIEN

P	Präs. Aktiv	стригу́щий
P	Prät. Aktiv	стри́гший
P	Prät. Passiv	стри́женый (adj)

IMPERATIV

Стриги́!
Стриги́те!

PERFEKTIV

постри́чь

считáть

1. zählen, rechnen; 2. glauben

INDIKATIV

Präsens		Präteritum		Futur / IMPF	
я	считáю	я	считáл / считáла	я	бýду считáть
ты	считáешь	ты	считáл / считáла	ты	бýдешь считáть
он	считáет	он	считáл	он	бýдет считáть
онá	считáет	онá	считáла	онá	бýдет считáть
онó	считáет	онó	считáло	онó	бýдет считáть
мы	считáем	мы	считáли	мы	бýдем считáть
вы	считéте	вы	считáли	вы	бýдете считáть
они́	считáют	они́	считáли	они́	бýдут считáть

KONJUNKTIV

я	считáл / считáла бы
ты	считáл / считáла бы
он	считáл бы
онá	считáла бы
онó	считáло бы
мы	считáли бы
вы	считáли бы
они́	считáли бы

PARTIZIPIEN

AP	Präsens	считáя
P	Präs. Aktiv	считáющий
P	Präs. Passiv	считáемый
P	Prät. Aktiv	считáвший
P	Prät. Passiv	счи́танный

IMPERATIV

Считáй!
Считáйте!

PERFEKTIV

1. посчитáть
   сосчитáть
   счесть
2. посчитáть
   счесть

Imperfektives Verb

терéть

reiben

INDIKATIV

Präsens		Präteritum		Futur / IMPF	
я	тру	я	тёр / тёрла	я	бýду терéть
ты	трёшь	ты	тёр / тёрла	ты	бýдешь терéть
он	трёт	он	тёр	он	бýдет терéть
онá	трёт	онá	тёрла	онá	бýдет терéть
онó	трёт	онó	тёрло	онó	бýдет терéть
мы	трём	мы	тёрли	мы	бýдем терéть
вы	трёте	вы	тёрли	вы	бýдете терéть
они́	трут	они́	тёрли	они́	бýдут терéть

KONJUNKTIV

я	тёр / тёрла бы
ты	тёр / тёрла бы
он	тёр бы
онá	тёрла бы
онó	тёрло бы
мы	тёрли бы
вы	тёрли бы
они́	тёрли бы

PARTIZIPIEN

P	Präs. Aktiv	трýщий
AP	Präteritum	терéв
P	Prät. Aktiv	тёрший
P	Prät. Passiv	тёртый

IMPERATIV

Три!
Три́те!

PERFEKTIV

потерéть
натерéть

терять
verlieren

INDIKATIV

Präsens		**Präteritum**		**Futur** / IMPF		
я	теряю	я	терял / теряла	я	буду	терять
ты	теряешь	ты	терял / теряла	ты	будешь	терять
он	теряет	он	терял	он	будет	терять
она́	теряет	она́	теряла	она́	будет	терять
оно́	теряет	оно́	теряло	оно́	будет	терять
мы	теряем	мы	теряли	мы	будем	терять
вы	теряете	вы	теряли	вы	будете	терять
они́	теряют	они́	теряли	они́	будут	терять

KONJUNKTIV

я	терял / теря́лабы
ты	терял / теря́лабы
он	терял бы
она́	теряла бы
оно́	теряло бы
мы	теряли бы
вы	теряли бы
они́	теряли бы

PARTIZIPIEN

AP	**Präsens**	теряя
P	**Präs. Aktiv**	теряющий
P	**Präs. Passiv**	теряемый
P	**Prät. Aktiv**	торя́вший

IMPERATIV

Теряй!
Теряйте!

PERFEKTIV

потеря́ть

течь
fließen

INDIKATIV

Präsens		**Präteritum**		**Futur** / IMPF		
я	теку́	я	тёк / текла́	я	буду	течь
ты	течёшь	ты	тёк / текла́	ты	будешь	течь
он	течёт	он	тёк	он	будет	течь
она́	течёт	она́	текла́	она́	будет	течь
оно́	течёт	оно́	текло́	оно́	будет	течь
мы	течём	мы	текли́	мы	будем	течь
вы	течёте	вы	текли́	вы	будете	течь
они́	теку́т	они́	текли́	они́	будут	течь

KONJUNKTIV

я	тёк / текла́ бы
ты	тёк / текла́ бы
он	тёк бы
она́	текла́ бы
оно́	текло́ бы
мы	текли́ бы
вы	текли́ бы
они́	текли́ бы

PARTIZIPIEN

AP	**Präsens**	тёкши
P	**Präs. Aktiv**	текущий
P	**Prät. Aktiv**	тёкший

IMPERATIV

Теки́!
Теки́те!

PERFEKTIV

потéчь

Imperfektives Verb

топи́ть

1. heizen; 2. ertränken

INDIKATIV

Präsens		Präteritum		Futur / IMPF		
я	топлю́	я	топи́л / топи́ла	я	бу́ду	топи́ть
ты	то́пишь	ты	топи́л / топи́ла	ты	бу́дешь	топи́ть
он	то́пит	он	топи́л	он	бу́дет	топи́ть
она́	то́пит	она́	топи́ла	она́	бу́дет	топи́ть
оно́	то́пит	оно́	топи́ло	оно́	бу́дет	топи́ть
мы	то́пим	мы	топи́ли	мы	бу́дем	топи́ть
вы	то́пите	вы	топи́ли	вы	бу́дете	топи́ть
они́	то́пят	они́	топи́ли	они́	бу́дут	топи́ть

KONJUNKTIV

я	топи́л / топи́ла	бы
ты	топи́л / топи́ла	бы
он	топи́л	бы
она́	топи́ла	бы
оно́	топи́ло	бы
мы	топи́ли	бы
вы	топи́ли	бы
они́	топи́ли	бы

PARTIZIPIEN

AP	Präsens	топя́
P	Präs. Aktiv	топя́щий
P	Präs. Passiv	топи́мый
AP	Präteritum	топи́в
P	Prät. Aktiv	топи́вший

IMPERATIV

Топи́!
Топи́те!

PERFEKTIV

1. растопи́ть
   натопи́ть
2. утопи́ть

Imperfektives Verb

тормози́ть

bremsen

INDIKATIV

Präsens		Präteritum		Futur / IMPF		
я	торможу́	я	тормози́л / тормози́ла	я	бу́ду	тормози́ть
ты	тормози́шь	ты	тормози́л / тормози́ла	ты	бу́дешь	тормози́ть
он	тормози́т	он	тормози́л	он	бу́дет	тормози́ть
она́	тормози́т	она́	тормози́ла	она́	бу́дет	тормози́ть
оно́	тормози́т	оно́	тормози́ло	оно́	бу́дет	тормози́ть
мы	тормози́м	мы	тормози́ли	мы	бу́дем	тормози́ть
вы	тормози́те	вы	тормози́ли	вы	бу́дете	тормози́ть
они́	тормозя́т	они́	тормози́ли	они́	бу́дут	тормози́ть

KONJUNKTIV

я	тормози́л / тормози́ла	бы
ты	тормози́л / тормози́ла	бы
он	тормози́л	бы
она́	тормози́ла	бы
оно́	тормози́ло	бы
мы	тормози́ли	бы
вы	тормози́ли	бы
они́	тормози́ли	бы

PARTIZIPIEN

AP	Präsens	тормозя́
P	Präs. Aktiv	тормозя́щий
P	Prät. Aktiv	тормози́вший

IMPERATIV

Тормози́!
Тормози́те!

PERFEKTIV

затормози́ть

торопиться
sich beeilen

INDIKATIV

Präsens		Präteritum		Futur / IMPF		
я	тороплю́сь	я	торо́пился / торо́пилась	я	бу́ду	торопи́ться
ты	торо́пишься	ты	торо́пился / торо́пилась	ты	бу́дешь	торопи́ться
он	торо́пится	он	торо́пился	он	бу́дет	торопи́ться
она́	торо́пится	она́	торо́пилась	она́	бу́дет	торопи́ться
оно́	торо́пится	оно́	торо́пилось	оно́	бу́дет	торопи́ться
мы	торо́пимся	мы	торо́пились	мы	бу́дем	торопи́ться
вы	торо́питесь	вы	торо́пились	вы	бу́дете	торопи́ться
они́	торо́пятся	они́	торо́пились	они́	бу́дут	торопи́ться

KONJUNKTIV

я	торо́пился / торо́пилась бы
ты	торо́пился / торо́пилась бы
он	торо́пился бы
она́	торо́пилась бы
оно́	торо́пилось бы
мы	торо́пились бы
вы	торо́пились бы
они́	торо́пились бы

PARTIZIPIEN

AP	Präsens	торопя́сь
P	Präs. Aktiv	торопя́щийся
P	Prät. Aktiv	торопи́вшийся

IMPERATIV

Торопи́!
Торопи́те!

PERFEKTIV

поторопи́ться

тяну́ть
ziehen

INDIKATIV

Präsens		Präteritum		Futur / IMPF		
я	тяну́	я	тяну́л / тяну́ла	я	бу́ду	тяну́ть
ты	тя́нешь	ты	тяну́л / тяну́ла	ты	бу́дешь	тяну́ть
он	тя́нет	он	тяну́л	он	бу́дет	тяну́ть
она́	тя́нет	она́	тяну́ла	она́	бу́дет	тяну́ть
оно́	тя́нет	оно́	тяну́ло	оно́	бу́дет	тяну́ть
мы	тя́нем	мы	тяну́ли	мы	бу́дем	тяну́ть
вы	тя́нете	вы	тяну́ли	вы	бу́дете	тяну́ть
они́	тя́нут	они́	тяну́ли	они́	бу́дут	тяну́ть

KONJUNKTIV

я	тяну́л / тяну́ла бы
ты	тяну́л / тяну́ла бы
он	тяну́л бы
она́	тяну́ла бы
оно́	тяну́ло бы
мы	тяну́ли бы
вы	тяну́ли бы
они́	тяну́ли бы

PARTIZIPIEN

P	Präs. Aktiv	тя́нущий
AP	Präteritum	тяну́в
P	Prät. Aktiv	тяну́вший

IMPERATIV

Тяни́!
Тяни́те!

PERFEKTIV

потяну́ть

Imperfektives Verb

уважа́ть
ehren, achten

INDIKATIV

Präsens		Präteritum		Futur / IMPF	
я	уважа́ю	я	уважа́л / уважа́ла	я	бу́ду уважа́ть
ты	уважа́ешь	ты	уважа́л / уважа́ла	ты	бу́дешь уважа́ть
он	уважа́ет	он	уважа́л	он	бу́дет уважа́ть
она́	уважа́ет	она́	уважа́ла	она́	бу́дет уважа́ть
оно́	уважа́ет	оно́	уважа́ло	оно́	бу́дет уважа́ть
мы	уважа́ем	мы	уважа́ли	мы	бу́дем уважа́ть
вы	уважа́ете	вы	уважа́ли	вы	бу́дете уважа́ть
они́	уважа́ют	они́	уважа́ли	они́	бу́дут уважа́ть

KONJUNKTIV

я	уважа́л / уважа́ла	бы
ты	уважа́л / уважа́ла	бы
он	уважа́л	бы
она́	уважа́ла	бы
оно́	уважа́ло	бы
мы	уважа́ли	бы
вы	уважа́ли	бы
они́	уважа́ли	бы

PARTIZIPIEN

AP Präsens	уважа́я
P Präs. Aktiv	уважа́ющий
P Präs. Passiv	уважа́емый
Kurzformen	уважа́ем
	уважа́ема
	уважа́емо
	уважа́емы

IMPERATIV

Уважа́й!
Уважа́йте!

PERFEKTIV

—

Imperfektives Verb

узнава́ть
erfahren; (wieder) erkennen

INDIKATIV

Präsens		Präteritum		Futur / IMPF	
я	узнаю́	я	узнава́л / узнава́ла	я	бу́ду узнава́ть
ты	узнаёшь	ты	узнава́л / узнава́ла	ты	бу́дешь узнава́ть
он	узнаёт	он	узнава́л	он	бу́дет узнава́ть
она́	узнаёт	она́	узнава́ла	она́	бу́дет узнава́ть
оно́	узнаёт	оно́	узнава́ло	оно́	бу́дет узнава́ть
мы	узнаём	мы	узнава́ли	мы	бу́дем узнава́ть
вы	узнаёте	вы	узнава́ли	вы	бу́дете узнава́ть
они́	узнаю́т	они́	узнава́ли	они́	бу́дут узнава́ть

KONJUNKTIV

я	узнава́л / узнава́ла	бы
ты	узнава́л / узнава́ла	бы
он	узнава́л	бы
она́	узнава́ла	бы
оно́	узнава́ло	бы
мы	узнава́ли	бы
вы	узнава́ли	бы
они́	узнава́ли	бы

PARTIZIPIEN

AP Präsens	узнава́я
P Präs. Aktiv	узнаю́щий
P Präs. Passiv	узнава́емый
P Прät. Aktiv	узнава́вший

IMPERATIV

Узнава́й!
Узнава́йте!

PERFEKTIV

узна́ть → **193**

узнáть
erfahren; (wieder) erkennen

INDIKATIV

Futur / PF		**Präteritum**	
я	узнáю	я	узнáл / узнáла
ты	узнáешь	ты	узнáл / узнáла
он	узнáет	он	узнáл
онá	узнáет	онá	узнáла
онó	узнáет	онó	узнáло
мы	узнáем	мы	узнáли
вы	узнáете	вы	узнáли
они	узнáют	они	узнáли

KONJUNKTIV

я	узнáл / узнáлабы
ты	узнáл / узнáлабы
он	узнáл бы
онá	узнáлα бы
онó	узнáло бы
мы	узнáли бы
вы	узнáли бы
они	узнáли бы

PARTIZIPIEN

AP	**Präteritum**	узнáв
P	**Prät. Aktiv**	узнáвший

IMPERATIV

Узнáй!
Узнáйте!

IMPERFEKTIV

узнавáть
→ 192

умерéть
sterben

INDIKATIV

Futur / PF		**Präteritum**	
я	умрý	я	ýмер / умерлá
ты	умрёшь	ты	ýмер / умерлá
он	умрёт	он	ýмер
онá	умрёт	онá	умерлá
онó	умрёт	онó	ýмерло
мы	умрём	мы	ýмерли
вы	умрёте	вы	ýмерли
они	умрýт	они	ýмерли

KONJUNKTIV

я	ýмер / умерлá бы
ты	ýмер / умерлá бы
он	ýмер бы
онá	умерлá бы
онó	ýмерло бы
мы	ýмерли бы
вы	ýмерли бы
они	ýмерли бы

PARTIZIPIEN

AP	**Präteritum**	умерéв
P	**Prät. Aktiv**	умéрший

IMPERATIV

Умри!
Умрите!

IMPERFEKTIV

умирáть

упа́сть
fallen

INDIKATIV

Futur / PF | **Präteritum**

я упаду́	я упа́л / упа́ла
ты упадёшь	ты упа́л / упа́ла
он упадёт	он упа́л
она́ упадёт	она́ упа́ла
оно́ упадёт	оно́ упа́ло
мы упадём	мы упа́ли
вы упадёте	вы упа́ли
они́ упаду́т	они́ упа́ли

KONJUNKTIV

я упа́л / упа́ла бы
ты упа́л / упа́ла бы
он упа́л бы
она́ упа́ла бы
оно́ упа́ло бы
мы упа́ли бы
вы упа́ли бы
они́ упа́ли бы

PARTIZIPIEN

AP Präteritum упа́в
P Prät. Aktiv упа́вший

IMPERATIV

Упади́!
Упади́те!

IMPERFEKTIV
па́дать

успе́ть
rechtzeitig kommen

INDIKATIV

Futur / PF | **Präteritum**

я успе́ю	я успе́л / успе́ла
ты успе́ешь	ты успе́л / успе́ла
он успе́ет	он успе́л
она́ успе́ет	она́ успе́ла
оно́ успе́ет	оно́ успе́ло
мы успе́ем	мы успе́ли
вы успе́ете	вы успе́ли
они́ успе́ют	они́ успе́ли

KONJUNKTIV

я успе́л / успе́лабы
ты успе́л / успе́лабы
он успе́л бы
она́ успе́ла бы
оно́ успе́ло бы
мы успе́ли бы
вы успе́ли бы
они́ успе́ли бы

PARTIZIPIEN

AP Präteritum успе́в
P Prät. Aktiv успе́вший

IMPERATIV

Успе́й!
Успе́йте!

IMPERFEKTIV
успева́ть

уставáть
müde werden

INDIKATIV

Präsens	Präteritum	Futur / IMPF	
я устаю́	я уставáл / уставáла	я бу́ду	уставáть
ты устаёшь	ты уставáл / уставáла	ты бу́дешь	уставáть
он устаёт	он уставáл	он бу́дет	уставáть
онá устаёт	онá уставáла	онá бу́дет	уставáть
онó устаёт	онó уставáло	онó бу́дет	уставáть
мы устаём	мы уставáли	мы бу́дем	уставáть
вы устаёте	вы уставáли	вы бу́дете	уставáть
они́ устаю́т	они́ уставáли	они́ бу́дут	уставáть

KONJUNKTIV

| я уставáл / уставáла бы |
| ты уставáл / уставáла бы |
| он уставáл бы |
| онá уставáла бы |
| онó уставáло бы |
| мы уставáли бы |
| вы уставáли бы |
| они́ уставáли бы |

PARTIZIPIEN

AP	Präsens	уставáя
P	Präs. Aktiv	устаю́щий
P	Prät. Aktiv	уставáвший

IMPERATIV

Уставáй!
Уставáйте!

PERFEKTIV
устáть

ходи́ть UNBEST
gehen

INDIKATIV

Präsens	Präteritum	Futur / IMPF	
я хожу́	я ходи́л / ходи́ла	я бу́ду	ходи́ть
ты хóдишь	ты ходи́л / ходи́ла	ты бу́дешь	ходи́ть
он хóдит	он ходи́л	он бу́дет	ходи́ть
онá хóдит	онá ходи́ла	онá бу́дет	ходи́ть
онó хóдит	онó ходи́ло	онó бу́дет	ходи́ть
мы хóдим	мы ходи́ли	мы бу́дем	ходи́ть
вы хóдите	вы ходи́ли	вы бу́дете	ходи́ть
они́ хóдят	они́ ходи́ли	они́ бу́дут	ходи́ть

KONJUNKTIV

| я ходи́л / ходи́ла бы |
| ты ходи́л / ходи́ла бы |
| он ходи́л бы |
| онá ходи́ла бы |
| онó ходи́ло бы |
| мы ходи́ли бы |
| вы ходи́ли бы |
| они́ ходи́ли бы |

PARTIZIPIEN

AP	Präsens	ходя́
P	Präs. Aktiv	ходя́щий
AP	Präteritum	ходи́в
P	Prät. Aktiv	ходи́вший

IMPERATIV

Ходи́!
Ходи́те!

BESTIMMT
идти́ → 78

Imperfektives Verb

хотéть
wollen

INDIKATIV

Präsens		Präteritum		Futur / IMPF	
я	хочý	я	хотéл / хотéла	я	бýду	хотéть
ты	хóчешь	ты	хотéл / хотéла	ты	бýдешь	хотéть
он	хóчет	он	хотéл	он	бýдет	хотéть
онá	хóчет	онá	хотéла	онá	бýдет	хотéть
онó	хóчет	онó	хотéло	онó	бýдет	хотéть
мы	хотúм	мы	хотéли	мы	бýдем	хотéть
вы	хотúте	вы	хотéли	вы	бýдете	хотéть
онú	хотя́т	онú	хотéли	онú	бýдут	хотéть

KONJUNKTIV

я	хотéл / хотéла бы
ты	хотéл / хотéла бы
он	хотéл бы
онá	хотéла бы
онó	хотéло бы
мы	хотéли бы
вы	хотéли бы
онú	хотéли бы

PARTIZIPIEN

P	Präs. Aktiv	хотя́щий
AP	Präteritum	хотéв
P	Prät. Aktiv	хотéвший

IMPERATIV

Хотú!
Хотúте!

PERFEKTIV
захотéть

Imperfektives Verb

чýвствовать
fühlen

INDIKATIV

Präsens		Präteritum		Futur / IMPF	
я	чýвствую	я	чýвствовал / чýвствовала	я	бýду	чýвствовать
ты	чýвствуешь	ты	чýвствовал / чýвствовала	ты	бýдешь	чýвствовать
он	чýвствует	он	чýвствовал	он	бýдет	чýвствовать
онá	чýвствует	онá	чýвствовала	онá	бýдет	чýвствовать
онó	чýвствует	онó	чýвствовало	онó	бýдет	чýвствовать
мы	чýвствуем	мы	чýвствовали	мы	бýдем	чýвствовать
вы	чýвствуете	вы	чýвствовали	вы	бýдете	чýвствовать
онú	чýвствуют	онú	чýвствовали	онú	бýдут	чýвствовать

KONJUNKTIV

я	чýвствовал / чýвствовала бы
ты	чýвствовал / чýвствовала бы
он	чýвствовал бы
онá	чýвствовала бы
онó	чýвствовало бы
мы	чýвствовали бы
вы	чýвствовали бы
онú	чýвствовали бы

PARTIZIPIEN

AP	Präsens	чýвствуя
P	Präs. Aktiv	чýвствующий
P	Prät. Aktiv	чýвствовавший

IMPERATIV

Чýвствуй!
Чýвствуйте!

PERFEKTIV
почýвствовать

достичь
erreichen, gelangen

INDIKATIV

Futur

я	достигну
ты	достигнешь
он	достигнет
она	достигнет
оно	достигнет
мы	достигнем
вы	достигнете
они	достигнут

Präteritum

я	достиг/достигла
ты	достиг/достигла
он	достиг
она	достигла
оно	достигло
мы	достигли
вы	достигли
они	достигли

KONJUNKTIV

я	достиг	бы
ты	достиг	бы
он	достиг	бы
она	достигла	бы
оно	достигло	бы
мы	достигли	бы
вы	достигли	бы
они	достигли	бы

PARTIZIPIEN

AP	**Präteritum**	достигнув
P	**Prät. Aktiv**	достигший
P	**Prät. Passiv**	достигнутый
	Kurzformen	достигнут

достигнута
достигнуто
достигнуты

IMPERATIV

Достигни!
Достигните!

IMPERFEKTIV

достигать

здороваться
begrüßen

INDIKATIV

Präsens

я	здороваюсь
ты	здороваешься
он	здоровается
она	здоровается
оно	здоровается
мы	здороваемся
вы	здороваетесь
они	здороваются

Präteritum

я	здоровался/здоровалась
ты	здоровался/здоровалась
он	здоровался
она	здоровалась
оно	здоровалось
мы	здоровались
вы	здоровались
они	здоровались

Futur

я	буду	здороваться
ты	будешь	здороваться
он	будет	здороваться
она	будет	здороваться
оно	будет	здороваться
мы	будем	здороваться
вы	будете	здороваться
они	будут	здороваться

KONJUNKTIV

я	здоровался	бы
ты	здоровался	бы
он	здоровался	бы
она	здоровалась	бы
оно	здоровалось	бы
мы	здоровались	бы
вы	здоровались	бы
они	здоровались	бы

PARTIZIPIEN

AP	**Präsens**	здороваясь
P	**Präs. Aktiv**	здоровающийся
P	**Prät. Aktiv**	здоровавшийся

IMPERATIV

Здоровайся!
Здоровайтесь!

PERFEKTIV

поздороваться

Imperfektives Verb

КЛЯ́СТЬСЯ
schwören

INDIKATIV

Präsens		Präteritum		Futur		
я	кляну́сь	я	кля́лся/кляла́сь	я	бу́ду	кля́сться
ты	кляне́шься	ты	кля́лся/кляла́сь	ты	бу́дешь	кля́сться
он	кляне́тся	он	кля́лся	он	бу́дет	кля́сться
она	кляне́тся	она	кляла́сь	она	бу́дет	кля́сться
оно	кляне́тся	оно	кляло́сь	оно	бу́дет	кля́сться
мы	кляне́мся	мы	кляли́сь	мы	бу́дем	кля́сться
вы	кляне́тесь	вы	кляли́сь	вы	бу́дете	кля́сться
они	кляну́тся	они	кляли́сь	они	бу́дут	кля́сться

KONJUNKTIV

я	кля́лся	бы
ты	кля́лся	бы
он	кля́лся	бы
она	кляла́сь	бы
оно	кляло́сь	бы
мы	кляли́сь	бы
вы	кляли́сь	бы
они	кляли́сь	бы

PARTIZIPIEN

AP Präsens	кляня́сь
P Präs. Aktiv	кляну́щийся
P Prät. Aktiv	кля́вшийся

IMPERATIV

Кляни́сь!
Кляни́тесь!

PERFEKTIV

покля́сться

Imperfektives Verb

колеба́ться
schwanken

INDIKATIV

Präsens		Präteritum		Futur		
я	коле́блюсь	я	колеба́лся/колеба́лась	я	бу́ду	колеба́ться
ты	коле́блешься	ты	колеба́лся/колеба́лась	ты	бу́дешь	колеба́ться
он	коле́блется	он	колеба́лся	он	бу́дет	колеба́ться
она	коле́блется	она	колеба́лась	она	бу́дет	колеба́ться
оно	коле́блется	оно	колеба́лось	оно	бу́дет	колеба́ться
мы	коле́блемся	мы	колеба́лись	мы	бу́дем	колеба́ться
вы	коле́блетесь	вы	колеба́лись	вы	бу́дете	колеба́ться
они	коле́блются	они	колеба́лись	они	бу́дут	колеба́ться

KONJUNKTIV

я	колеба́лся	бы
ты	колеба́лся	бы
он	колеба́лся	бы
она	колеба́лась	бы
оно	колеба́лось	бы
мы	колеба́лись	бы
вы	колеба́лись	бы
они	колеба́лись	бы

PARTIZIPIEN

AP Präsens	коле́блясь
P Präs. Aktiv	коле́блющийся
P Prät. Aktiv	колеба́вшийся

IMPERATIV

Коле́блись!
Коле́блитесь!

PERFEKTIV

поколеба́ться

дрема́ть
dösen

INDIKATIV

Präsens		Präteritum		Futur		
я	дремлю́	я	дрема́л/дрема́ла	я	бу́ду	дремать
ты	дре́млешь	ты	дрема́л/дрема́ла	ты	бу́дешь	дрема́ть
он	дре́млет	он	дрема́л	он	бу́дет	дрема́ть
она	дре́млет	она	дрема́ла	она	бу́дет	дрема́ть
оно	дре́млет	оно	дрема́ло	оно	бу́дет	дрема́ть
мы	дре́млем	мы	дрема́ли	мы	бу́дем	дрема́ть
вы	дре́млете	вы	дрема́ли	вы	бу́дете	дрема́ть
они	дре́млют	они	дрема́ли	они	бу́дут	дрема́ть

KONJUNKTIV

я	дрема́л	бы
ты	дрема́л	бы
он	дрема́л	бы
она	дрема́ла	бы
оно	дрема́ло	бы
мы	дрема́ли	бы
вы	дрема́ли	бы
они	дрема́ли	бы

PARTIZIPIEN

AP	Präsens	дремля́
P	Präs. Aktiv	дре́млющий
P	Prät. Aktiv	дрема́вший

IMPERATIV

Дремли́!
Дремли́те!

PERFEKTIV

подрема́ть

ла́комиться
naschen

INDIKATIV

Präsens		Präteritum		Futur		
я	ла́комлюсь	я	ла́комился/ла́комилась	я	бу́ду	ла́комиться
ты	ла́комишься	ты	ла́комился/ла́комилась	ты	бу́дешь	ла́комиться
он	ла́комится	он	ла́комился	он	бу́дет	ла́комиться
она	ла́комится	она	ла́комилась	она	бу́дет	ла́комиться
оно	ла́комится	оно	ла́комилось	оно	бу́дет	ла́комиться
мы	ла́комимся	мы	ла́комились	мы	бу́дем	ла́комиться
вы	ла́комитесь	вы	ла́комились	вы	бу́дете	ла́комиться
они	ла́комятся	они	ла́комились	они	бу́дут	ла́комиться

KONJUNKTIV

я	ла́комился	бы
ты	ла́комилась	бы
он	ла́комился	бы
она	ла́комилась	бы
оно	ла́комилось	бы
мы	ла́комились	бы
вы	ла́комились	бы
они	ла́комились	бы

PARTIZIPIEN

AP	Präsens	ла́комясь
P	Präs. Aktiv	ла́комящийся
P	Prät. Aktiv	ла́комившийся

IMPERATIV

Ла́комись!
Ла́комьтесь!

PERFEKTIV

пола́комиться

Imperfektives Verb

МЧА́ТЬСЯ
dahineilen

INDIKATIV

Präsens		Präteritum		Futur		
я	мчусь	я	мча́лся/мча́лась	я	бу́ду	мча́ться
ты	мчи́шься	ты	мча́лся/мча́лась	ты	бу́дешь	мча́ться
он	мчи́тся	он	мча́лся	он	бу́дет	мча́ться
она	мчи́тся	она	мча́лась	она	бу́дет	мча́ться
оно	мчи́тся	оно	мча́лось	оно	бу́дет	мча́ться
мы	мчи́мся	мы	мча́лись	мы	бу́дем	мча́ться
вы	мчи́тесь	вы	мча́лись	вы	бу́дете	мча́ться
они	мча́тся	они	мча́лись	они	бу́дут	мча́ться

KONJUNKTIV

я	мча́лся	бы
ты	мча́лся	бы
он	мча́лся	бы
она	мча́лась	бы
оно	мча́лось	бы
мы	мча́лись	бы
вы	мча́лись	бы
они	мча́лись	бы

PARTIZIPIEN

AP Präsens	мчась
P Präs. Aktiv	мча́щийся
P Prät. Aktiv	мча́вшийся

IMPERATIV

Мчись!
Мчи́тесь!

PERFEKTIV

помча́ться

Imperfektives Verb

МЯТЬ
zerknittern

INDIKATIV

Präsens		Präteritum		Futur		
я	мну	я	мял/мя́ла	я	бу́ду	мять
ты	мнёшь	ты	мял/мя́ла	ты	бу́дешь	мять
он	мнёт	он	мял	он	бу́дет	мять
она	мнёт	она	мя́ла	она	бу́дет	мять
оно	мнёт	оно	мя́ло	оно	бу́дет	мять
мы	мнём	мы	мя́ли	мы	бу́дем	мять
вы	мнёте	вы	мя́ли	вы	бу́дете	мять
они	мнут	они	мя́ли	они	бу́дут	мять

KONJUNKTIV

я	мял	бы
ты	мял	бы
он	мял	бы
она	мя́ла	бы
оно	мя́ло	бы
мы	мя́ли	бы
вы	мя́ли	бы
они	мя́ли	бы

PARTIZIPIEN

P Präs. Aktiv	мну́щий
P Prät. Aktiv	мя́вший

IMPERATIV

Мни!
Мни́те!

PERFEKTIV

помя́ть

одеть
anziehen

INDIKATIV

Futur		Präteritum	
я	одéну	я	одéл/одéла
ты	одéнешь	ты	одéл/одéла
он	одéнет	он	одéл
она	одéнет	она	одéла
оно	одéнет	оно	одéло
мы	одéнем	мы	одéли
вы	одéнете	вы	одéли
они	одéнут	они	одéли

KONJUNKTIV

я	одéл	бы
ты	одéл	бы
он	одéл	бы
она	одéла	бы
оно	одéло	бы
мы	одéли	бы
вы	одéли	бы
они	одéли	бы

PARTIZIPIEN

AP	Präteritum	одéв
P	Prät. Aktiv	одéвший
P	Prät. Passiv	одéтый
Kurzformen		одéт
		одéта
		одéто
		одéты

IMPERATIV

Одéнь!
Одéньте!

IMPERFEKTIV

одевáть

отрéчься
sich lossagen

INDIKATIV

Futur		Präteritum	
я	отрекýсь	я	отрёкся/отреклáсь
ты	отречёшься	ты	отрёкся/отреклáсь
он	отречётся	он	отрёкся
она	отречётся	она	отреклáсь
оно	отречётся	оно	отреклóсь
мы	отречёмся	мы	отреклúсь
вы	отречётесь	вы	отреклúсь
они	отрекýтся	они	отреклúсь

KONJUNKTIV

я	отрёкся	бы
ты	отрёкся	бы
он	отрёкся	бы
она	отреклáсь	бы
оно	отреклóсь	бы
мы	отреклúсь	бы
вы	отреклúсь	бы
они	отреклúсь	бы

PARTIZIPIEN

AP	Präteritum	отрёкшись
P	Prät. Aktiv	отрёкшийся

IMPERATIV

Отрекúсь!
Отрекúтесь!

IMPERFEKTIV

отрекáться

притворя́ться
sich verstellen

INDIKATIV

Präsens		Präteritum		Futur		
я	притворя́юсь	я	притворя́лся/притворя́лась	я	бу́ду	притворя́ться
ты	притворя́ешься	ты	притворя́лся/притворя́лась	ты	бу́дешь	притворя́ться
он	притворя́ется	он	притворя́лся	он	бу́дет	притворя́ться
она	притворя́ется	она	притворя́лась	она	бу́дет	притворя́ться
оно	притворя́ется	оно	притворя́лось	оно	бу́дет	притворя́ться
мы	притворя́емся	мы	притворя́лись	мы	бу́дем	притворя́ться
вы	притворя́етесь	вы	притворя́лись	вы	бу́дете	притворя́ться
они	притворя́ются	они	притворя́лись	они	бу́дут	притворя́ться

KONJUNKTIV

я	притворя́лся	бы
ты	притвори́лся	бы
он	притвори́лся	бы
она	притвори́лась	бы
оно	притвори́лось	бы
мы	притвори́лись	бы
вы	притвори́лись	бы
они	притвори́лись	бы

PARTIZIPIEN

AP Präsens
притворя́ясь
P   Präs. Aktiv   притворя́ющийся
P   Prät. Aktiv   притворя́вшийся

IMPERATIV

Притворя́йся!
Притворя́йтесь!

PERFEKTIV

притвори́ться

простуди́ться
sich erkälten

INDIKATIV

Futur		Präteritum	
я	простужу́сь	я	простуди́лся/простуди́лась
ты	просту́дишься	ты	простуди́лся/простуди́лась
он	просту́дится	он	простуди́лся
она	просту́дится	она	простуди́лась
оно	просту́дится	оно	простуди́лось
мы	просту́димся	мы	простуди́лись
вы	просту́дитесь	вы	простуди́лись
они	просту́дятся	они	простуди́лись

KONJUNKTIV

я	простуди́лся	бы
ты	простуди́лся	бы
он	простуди́лся	бы
она	простуди́лась	бы
оно	простуди́лось	бы
мы	простуди́лись	бы
вы	простуди́лись	бы
они	простуди́лись	бы

PARTIZIPIEN

AP Präterium   простуди́вшись
P   Prät. Aktiv   простуди́вшийся

IMPERATIV

Простуди́сь!
Простуди́тесь!

IMPERFEKTIV

простужа́ться

прятать
verstecken

INDIKATIV

Präsens		Präteritum		Futur		
я	прячу	я	прятал/прятала	я	буду	прятать
ты	прячешь	ты	прятал/прятала	ты	будешь	прятать
он	прячет	он	прятал	он	будет	прятать
она	прячет	она	прятала	она	будет	прятать
оно	прячет	оно	прятало	оно	будет	прятать
мы	прячем	мы	прятали	мы	будем	прятать
вы	прячете	вы	прятали	вы	будете	прятать
они	прячут	они	прятали	они	будут	прятать

KONJUNKTIV

я	прятал	бы
ты	прятал	бы
он	прятал	бы
она	прятала	бы
оно	прятало	бы
мы	прятали	бы
вы	прятали	бы
они	прятали	бы

PARTIZIPIEN

AP	Präsens	пряча
P	Präs. Aktiv	прячущий
P	Prät. Aktiv	прятавший

IMPERATIV

Прячь!
Прячьте!

PERFEKTIV

спрятаться

слать
senden

INDIKATIV

Präsens		Präteritum		Futur		
я	шлю	я	слал/слала	я	буду	слать
ты	шлёшь	ты	слал/слала	ты	будешь	слать
он	шлёт	он	слал	он	будет	слать
она	шлёт	она	слала	она	будет	слать
оно	шлёт	оно	слало	оно	будет	слать
мы	шлём	мы	слали	мы	будем	слать
вы	шлёте	вы	слали	вы	будете	слать
они	шлют	они	слали	они	будут	слать

KONJUNKTIV

я	слал	бы
ты	слал	бы
он	слал	бы
она	слала	бы
оно	слало	бы
мы	слали	бы
вы	слали	бы
они	слали	бы

PARTIZIPIEN

P	Präs. Aktiv	шлющий
P	Prät. Aktiv	славший

IMPERATIV

Шли!
Шлите!

PERFEKTIV

послать

шептáть
flüstern

INDIKATIV

Präsens		Präteritum		Futur		
я	шепчý	я	шептáл/шептáла	я	бýду	шептáть
ты	шéпчешь	ты	шептáл/шептáла	ты	бýдешь	шептáть
он	шéпчет	он	шептáл	он	бýдет	шептáть
она	шéпчет	она	шептáла	она	бýдет	шептáть
оно	шéпчет	оно	шептáло	оно	бýдет	шептáть
мы	шéпчем	мы	шептáли	мы	бýдем	шептáть
вы	шéпчете	вы	шептáли	вы	бýдете	шептáть
они	шéпчут	они	шептáли	они	бýдут	шептáть

KONJUNKTIV

я	шептáл	бы
ты	шептáл	бы
он	шептáл	бы
она	шептáла	бы
оно	шептáло	бы
мы	шептáли	бы
вы	шептáли	бы
они	шептáли	бы

PARTIZIPIEN

AP	Präsens	шепчá
P	Präs. Aktiv	шéпчущий
P	Prät. Aktiv	шептáвший

IMPERATIV

Шепчи!
Шепчúте!

PERFEKTIV

шепнýть

Übungen

Lösungen

Index

Übungen zu den wichtigsten Verben und Formen

1. Setzen Sie hier bitte die angegebenen Verben in der **Vergangenheitsform** ein. Die Zeilen reimen sich!

молчать - сидеть - глядеть - качать

Кто на лавочке _____ (**a**),

Кто на улицу _____ (**b**),

Толя пел,

Борис _____ (**c**),

Николай ногой _____(**d**). (S.Mikhalkov)

уйти - искать - найти

Среди леса, среди скал

Мальчик девочку _____ (**e**)

Поискал, не _____ (**f**)

Огорчился и _____ (**g**). (Abzählreim)

задавать - проходить

Тили-тили

Трали-вали

Это мы не _____ (**h**),

Это нам не _____ (**i**). (Kinderlied)

выйти-умереть-стрелять-выбегать

Раз-два-три-четыре-пять

_____ (j) зайчик погулять,

Вдруг охотник _____ (k),

Прямо в зайчика _____ (l).

Пиф-паф-ой-ой-ой,

Вот и _____ (m) зайчик мой. (Abzählreim)

2. Schreiben Sie bitte die richtige **Vergangenheitsform** der vorgegebenen Verben in die Lücken.

a. Наташа (работать) _____ какое-то время на шоколадной фабрике,

   но потом (устать) _____ от запаха шоколада.

b. Спой мне песню, как синица тихо за морем (жить) _____ спой

   мне песню, как девица за водой поутру (идти) _____ (А.С.Пушкин)

c. Они (приходить) _____ ко мне по ночам и (играть) _____ на пианино.

d. Я (быть) _____ очень послушным ребенком и никогда не (читать)

   _____ по ночам.

e. Помните, однажды Вы (попросить) _____ меня сходить в магазин за

   хлебом. Я (сходить) _____ и (принести) _____ хлеб и

   букет цветов.

f. Ты никогда не (уметь) _____ обращаться с животными.

g. Раньше ты (мочь) _____ познакомиться с незнакомым

   человеком на улице. Да, прекрасное (быть) _____ время.

3. Wählen Sie bitte zwischen **Perfektiv** und **Imperfektiv** in den folgenden Sätzen.

   a. Я ходил/пошел в школу, когда мне было шесть лет.

   b. Пожалуйста, играй/сыграй мне еще раз этого великолепного Моцарта.

   c. Не открывай/открой этот шкаф, это может плохо закончиться.

   d. Всю ночь мне что-то сильно кололо/укололо в бок.

   e. Собака залаяла/лаяла, как только он проснулся/просыпался.

   f. Помнишь наш первый поцелуй? С тех пор меня никто так не целовал/поцеловал.

   g. Он долго звонил/позвонил, но никого не было дома.

   h. Говорят, никто не знает, кто изобретал/изобрёл отвертку.

4. Diese Menschen machen lauter komische Dinge! Sagen Sie doch mal, dass sie damit aufhören sollen. Dafür müssen Sie die Verben in Klammern in den **Imperativ** setzen. In Klammern finden Sie notwendige Vokabeln.

   a. Ein Kind quält den Hund. (мучить)

   Не мучай собаку!
   _____

   b. Ivan isst Schnee im Winter. (есть снег)

   _____

   c. Drei Frauen schlafen im Büro. (спать на работе)

   _____

   d. Igor raucht in der U-Bahn. (курить в метро)

   _____

   e. Die kleine Agatha legt ihre schmutzigen Füße auf das Kissen. (класть ноги на подушку)

   _____

f. Ein bejahrter Mann zeichnet an der Wand. (рисовать на стене)

_____

g. Anatolij trinkt Kaffee am Steuer. (пить за рулем)

_____

h. Die frechen Katzen stehlen die Wurst. (красть колбасу)

_____

5. Unterstreichen Sie hier die Verben in **imperfektiver** Form.

пойти – приносить – класть – убить – сделать – находить – есть – резать

читать – выпить – жить – выкинуть – поцеловать – надеть – говорить

6. Ersetzen Sie in dem folgenden Gedicht die Konstruktion mit dem Bindewort **который** durch das entsprechende Partizip.

a. Вот дом, **который построил** Джек.
    _построенный_____

b. А это пшеница,
    которая в темном чулане **хранится**
    в доме, который построил Джек.

_____

c. А это веселая птица-синица,
    которая часто **ворует** пшеницу,
    которая в темном чулане хранится
    в доме, который построил Джек.

_____

d. Вот кот, **который пугает** и **ловит** синицу,
которая часто ворует пшеницу,
которая в темном чулане хранится
в доме, который построил Джек.

_____

e. Вот пес без хвоста, **который** за шиворот **треплет** кота,
который пугает и ловит синицу,
которая часто ворует пшеницу,
которая в темном чулане хранится
в доме, который построил Джек.

_____

(S. Marschak)

7. Vervollständigen Sie die folgenden Sätze mit Verben in der **Zukunftsform**.

a. Завтра он обязательно (встать) _____ пораньше и

(доделать) _____ все дела.

b. Если я когда-нибудь (выйти) _____ замуж, то уж точно не за тебя!

c. Когда Маша (купить) _____ себе дом, она (завести)

_____ двух собак и енота.

d. Это ерунда, такое никто не (носить) _____

e. Ну, уж теперь-то ты от меня не (убежать) _____

f. Тот, кто первым (изобрести) _____ лекарство от старости,

(получить) _____ Нобелевскую премию.

g. А если я (переплыть) _____ эту речку, ты меня

(уважать) _____?

h. Пока вы не (сделать) _____ уборку, мы не (пойти) _____
гулять.

124

i. Если я не (получить) _____ этот приз, я

(пытаться) _____ получить его на следующий год.

8. Finden Sie 11 Verben in diesem Text und notieren Sie ihre **Infinitivform**.

Александра шла по дороге и ела бутерброд. Вдруг она заметила, что под деревом сидит заяц. Заяц выглядел голодным и усталым. Наверное, он убежал от охотника. Александра пожалела зайца и поделилась с ним бутербродом. Теперь они вместе сидели под деревом. «Как ярко светит солнце и как хорошо, что теперь на зайца никто не охотится», – подумала Александра.

Die Verben im Infinitiv:

_____

_____

9. Wählen Sie bitte die richtige Verbform aus.

1. Меня _____ Светлана. Мне двадцать лет.
a) звать   b) зовут   c) зовёт

2. Если они _____ вчера, то я был бы рад. Но они не пришли.
a) пришли бы   b) придут   c) приходили

3. Пожалуйста, не _____ .Ты меня отвлекаешь.
a) шумите   b) шуми   c) шумишь

4. Посмотри, кто это там _____ в дверь? Мы никого не ждем!
a) стучит   b) стучал   c) постучит

5. Слышишь, тебя мама _____? Наверное, пора домой.
a) звать   b) зовут   c) зовёт

6. В семь лет я уже сам мог _____ обед на всю семью. А теперь все делает жена.
a) приготовить   b) приготовил   c) приготовлю

7. Петр I _____ Санкт-Петербург в 1703 году.
a) основывал   b) основал бы   c) основал

10. Setzen Sie die Verben in der korrekten Zeit im **Passiv** ein.

a. Дорогие покупатели! Магазин _____ (закрыть) через несколько дней. Спешите!

b. Где мои новые белые брюки? – Они _____ (испачкать) собакой

и теперь _____ (выкинуть) в помойное ведро.

c. То, что _____ (сделать), уже не исправишь.

d. Этот дом _____ (построить) еще в 17 веке. Теперь здесь музей.

e. Сколько еще работы должно _____ (сделано) перед тем, как мы получим результат!

f. Они _____ (предупредить). Поэтому мы уже за них не отвечаем.

g. Когда я буду праздновать день рождения, вы все _____ (пригласить).

h. Те деньги, которые мы откладывали на новую квартиру, _____ (потратить) на мою новую шубу.

i. Аргумент, который _____ (привести), никуда не годится!

Права человека в мире _____ (соблюдать) раньше, _____

(соблюдать) сейчас и _____ (соблюдать) впредь!

11. Vervollständigen Sie bitte den Text, indem Sie Verben in Präsens einsetzen.

идти – представлять – собираться – казаться – ездить – сидеть

находиться – жить – любить – находить

Больше всего на свете я _____ (**a**) смотреть на уходящие с

вокзала поезда. Я _____ (**b**) себе, что в каждом поезде _____

(**c**) люди, которые уже через несколько часов увидят что-то новое. Вот,

например, эта женщина в алой шляпе с цветами. Наверное, она _____

126

(**d**) в гости к своей дочке. Дочка жила в Гамбурге, а сейчас _____ (**e**) в

Берлине. Мне _____ (**f**), это неправильное решение, ведь

Гамбург гораздо красивее. Но очень хорошо, что Берлин и Гамбург _____

(**g**) недалеко друг от друга – тем, кто _____ (**h**), например, в

Гонолулу приходится значительно сложней. Мне кажется, вокзал – это еще

интересней, чем театр. Когда я _____ (**i**) свободное время, я

всегда _____ (**j**) на вокзал.

12. Verbinden sie die **Satzteile** und bilden Sie sinnvolle Sätze. Achten Sie auf die richtige Personalform.

1. Ты	A. учу	a. в бассейн
2. Дождь	B. готовит	b. борщ
3. Магазины	C. говорите	c. весь день
4. Вы	D. идет	d. правильно
5. Мы с тобой	E. поступаешь	e. русский язык
6. Я	F. закрываются	f. по телефону
7. Моя мама	G. собираемся	g. в десять часов

13. Übersetzen Sie den folgenden Text. Achten Sie dabei auf die **Zeitformen**.

Ich heiße Lena. Ich bin 24 Jahre alt. Ich studiere Russisch, weil ich nach Russland reisen möchte. Ich interessiere mich für die russische Kultur und Literatur. Eine Kollegin aus Moskau hilft mir bei meinem Studium. Ich kann schon einfache Texte übersetzen, und ich hoffe, dass ich bald auch schwierige Texte übersetzen können werde. Ich habe einen Traum: Ich will „Krieg und Frieden" im Original lesen. Ich stelle mich vor, wie ich in der Moskauer U-Bahn sitze und diesen Roman lese. Russen lesen ja immer in der U-Bahn.

_____

_____

_____

_____

_____

_____

_____

_____

14. Überlegen Sie sich Fragen zu den vorgegebenen Antworten.

a. _____
   – Меня зовут Анатолий.

b. _____
   – Нет, я не собираюсь сегодня в бассейн.

c. _____
   – С собакой сегодня гуляла Александра.

d. _____
   – Да, тебе звонили из милиции.

e. _____

    – Вечером я иду на рыбалку.

f. _____

    – Я вернусь завтра.

g. _____

    – Нет, мы не поссорились с Александрой.

15. Bilden Sie bitte **Gegensätze** zu den vorgegebenen Sätzen mithilfe der Wörter in Klammern:

a. Женщина надевает чёрную юбку. (Мужчина/снимать/белый/брюки)

    Мужчина снимает белые брюки. _____

b. Я беру тебе сладкий чай. (Ты/давать/я/горький/кофе)

    _____

c. Девочка ночью плачет. (Мальчик/день/смеяться/)

    _____

d. Добрый заяц любит лето. (Злой/волк/ненавидеть/зима)

    _____

e. Мама ругает ленивого сына. (Папа/хвалить/трудолюбивый/дочь)

    _____

f. Дети говорят о родителях. (Взрослые/молчать/дети)

    _____

g. Мы работаем в офисе. (Вы/отдыхать/дом)

    _____

Lösungen zu den Übungen

1. a. сидел; b. глядел; c. молчал; d. качал; e. искал; f. нашел; g. ушел; h. проходили; i. задавали; j. вышел; k. выбегал; l. стрелял; m. умер

2. a. работала, устала; b. жила, шла; c. приходили, играли; d. был, читал; e. попросили, сходил, принёс; f. умел; g. мог, было

3. a. пошел; b. сыграй; c. открывай; d. кололо; e. залаяла, проснулся; f. целовал; g. звонил; h. изобрёл

4, b. Не ешь снег! c. Не спите на работе! d. Не кури в метро!/ Не курите в метро! e. Не клади ноги на подушку! f. Не рисуйте на стене! g. Не пей за рулем!/Не пейте за рулем! h. Не крадите колбасу!

5. приносить, класть, находить, есть, резать, читать, жить, говорить

6. b. хранящаяся; c. ворующая; d. пугающий, ловящий; e. треплющий

7. a. встанет, доделает; b. выйду; c. купит, заведет; d. будет носить e. убежишь; f. изобретет, получит; g. переплыву, будешь уважать; h. сделаете, пойдем; i. получу, буду пытаться

8. идти, есть, сидеть, выглядеть, убежать, пожалеть, поделиться, светить, сидеть, охотиться, подумать

9. 1) b; 2) a; 3) b; 4) a; 5) c; 6) a; 7) c

10. a. закрывается/будет закрыт; b. были испачканы, выкинуты; c. сделано/было сделано; d. построен/был построен; e. быть сделано; f. предупреждены/были предупреждены; g. будете приглашены; h. потрачены/были потрачены; i. был приведен; j. соблюдались, соблюдаются, будут соблюдаться

11. a. люблю; b. представляю; c. сидят; d. собирается; e. живет; f. кажется; g. находятся; h.ездит; i. нахожу; j. иду

12. 1) E + d; 2) D + c; 3) F + g; 4) C + f; 5) G + a; 6) A + e; 7) B + b

13. Меня зовут Лена Мне 24 года. Я изучаю русский язык, потому что я хотела бы совершить путешествие в Россию. Я интересуюсь русской культурой и литературой. Моя коллега из Москвы помогает мне в моей учебе. Я уже могу переводить простые тексты и надеюсь, что скоро я смогу переводить и сложные тексты. У меня есть мечта: я хочу прочитать «Войну и мир» в оригинале. Я представляю, как я буду сидеть в московском метро и читать этот роман. Русские всегда читают в метро.

14. a. Как тебя зовут? b. Ты собираешься сегодня в бассейн? c. Кто сегодня гулял с собакой? d. Мне звонили (из милиции? e. Куда ты идешь вечером? f. Когда ты вернешься? g. Вы поссорились с Александрой?

15. b. Ты даешь мне горький кофе. c. Мальчик днем смеется. d. Злой волк ненавидит зиму. e. Папа хвалит трудолюбивую дочь. f. Взрослые молчат о детях. g. Вы отдыхаете дома.

Alphabetische Verbliste

In dieser Liste werden mehr als 1.000 der meistgebrauchen russischen Verben aufgeführt. Die Nummer bei jedem Verb bezieht sich auf das jeweilige Musterverb, nach dem dieses Verb konjugiert sind. Alle Musterverben sind in der Liste hervorgehoben.

Bei einigen Verben, die dem deutschen Benutzer erfahrungsgemäß Schwierigkeiten bereiten, ist angegeben, wie das Substantiv anzuschließen ist, d. h. mit oder ohne Präposition und in welchem Kasus (sog. Rektion).

А

алéть	(rot werden)	7
арендовáть	(mieten)	67
арестовáть	(verhaften)	67
аттестовáть	(qualifizieren)	67
аýкать	(hallo rufen)	1
áхать	(ach rufen)	1

Б

баловáть	(verwöhnen)	67
басúть	(im Baß sprechen)	42
бастовáть	(streiken)	67
баюкать	(wiegen)	29
бéгать	(laufen, umherlaufen, rennen)	1
беднéть	(verarmen)	14
бежáть	(laufen, rennen)	2
бездéйствовать	(untätig sein)	67
бездéльничать	(faulenzen)	1
безобрáзничать	(sich unanständig benehmen)	1
безýмствовать	(toben)	67
белéть	(weiß werden)	14
белúть	(bleichen, weißen)	16
бередúть	(aufwühlen)	17
берéменеть	(schwanger werden)	14
берéчь	(schonen)	3
бесéдовать	(sich unterhalten)	67
бесúть	(rasend machen)	156
беспокóить	(beunruhigen)	180
бинтовáть	(verbinden)	67
бить	(schlagen)	4
благоговéть	(verehren)	7
благодарúть когó-либо	(danken)	5
благоприя́тствовать	(begünstigen)	67
благословля́ть	(segnen)	48
благоухáть	(duften)	1

бледнéть	(erbleichen)	14
блёкнуть	(verblassen)	41
блестéть	(glänzen)	6
блúзиться	(herannahen)	44
блуждáть	(wandern)	1
блюстú	(beachten)	49
богатéть	(reich werden)	14
болéть	(krank sein)	7
болтáть	(babbeln)	1
бормотáть	(brummen)	102
борóться	(kämpfen)	8
боя́ться когó-либо	(sich fürchten)	9
бранúть	(schelten)	16
брать	(nehmen)	10
брéдить	(irrereden)	36
брéзгать	(sich ekeln)	67
бренчáть	(klirren)	99
брестú	(schlendern)	11
брúться	(sich rasieren)	12
бродúть	(schlendern, umherschlendern)	13
бронúровать	(buchen)	67
бросáть	(werfen)	1
бры́згать	(spritzen)	1
будúть	(wecken)	14
бунтовáть	(sich empören)	67
бурлúть	(brodeln)	65
быть	(sein)	15

В

вáжничать	(sich wichtig machen)	1
валúть	(umwerfen)	16
варúть	(kochen)	16
вая́ть	(bilden)	48
вводúть	(einführen)	23
вгля́дываться	(genau betrachten)	9
вдевáть	(hineinstecken)	76
вдохновля́ть	(begeistern)	48
вдыхáть	(einatmen)	76

Index

Index

133

истребля́ть	(vernichten)	43
исче́знуть	(verschwinden)	81

К

каза́ться	(scheinen)	57
казни́ть	(hinrichten)	180
кале́чить	(verkrüppeln)	104
ка́пать	(tröpfeln)	1
капри́зничать	(launenhaft sein)	1
карау́лить	(bewachen)	53
каса́ться	(berühren)	9
кати́ть	(wälzen, rollen)	82
кача́ть	(schaukeln)	51
ка́шлять	(husten)	43
каяться	(1. gestehen; 2. bereuen)	116
кива́ть	(nicken)	51
кида́ть	(werfen)	51
кипе́ть	(kochen, sieden)	83
кипяти́ть	(kochen, abkochen)	84
кла́няться	(sich verneigen)	9
класть	(legen)	85
клева́ть	(picken)	86
кле́ить	(kleben)	5
клони́ть	(beugen)	5
кля́сться	(schwören)	203
кова́ть	(schmieden)	87
кове́ркать	(verunstalten)	1
колдова́ть	(zaubern)	67
колеба́ться	(schwanken)	204
колоти́ть	(schlagen)	82
коло́ть	(stechen, spalten)	88
ко́нчить	(aufhören, beenden)	89
копа́ть	(graben)	90
копи́ть	(ansammeln)	91
кори́ть	(tadeln, vorwerfen)	16
корми́ть	(füttern)	205
коси́ть	(1. schielen; 2. mähen)	121
кра́сить	(färben)	121
красть	(stehlen)	92
кра́сться	(schleichen)	203
крепи́ть	(festigen)	46
крести́ть	(taufen)	148
крича́ть	(schreien, rufen)	93
кружи́ть	(drehen, kreisen)	142
крути́ть	(drehen)	82

купа́ть	(baden)	51
купи́ть	(kaufen)	94
кури́ть	(rauchen)	95
куса́ть	(beißen, stechen)	96

Л

ла́дить	(sich vertragen)	36
ла́зить	(klettern)	97
ла́комиться	(naschen)	206
ласка́ть	(liebkosen, streicheln)	51
лата́ть	(flicken)	51
лгать	(lügen)	98
ледене́ть	(vereisen)	7
лежа́ть	(liegen)	99
лезть	(klettern)	100
леле́ять	(verhätscheln)	169
лени́ться	(faulenzen)	101
лепета́ть	(lallen)	102
лепи́ть	(bilden, formen)	46
лета́ть	(fliegen)	102
лете́ть	(fliegen)	103
лечи́ть	(behandeln, ärztlich behandeln)	104
лечь	(sich hinlegen)	105
лиза́ть	(lecken)	109
ликова́ть	(jubeln)	87
линчева́ть	(lynchen)	67
линя́ть	(ausbleichen)	111
ли́пнуть	(kleben)	126
листа́ть	(blättern)	51
лить	(gießen)	106
лиша́ть	(entziehen)	51
лови́ть	(fangen)	46
ло́дырничать	(faulenzen)	1
ложи́ться	(sich hinlegen)	107
лома́ть	(brechen)	51
ло́паться	(aufplatzen)	202
лосни́ться	(glänzen)	56
лука́вить	(sich verstellen)	46
льну́ть	(sich anschmiegen)	41
льсти́ть	(schmeilcheln)	73
люби́ть	(lieben)	108
любопы́тствовать	(neugierig sein)	87
ляга́ть	(ausschlagen)	51
ля́згать	(klirren, rasseln)	1

М

Index

Н

Index

Index

Index

Index

Index

141

Index

Schnell nachschlagen und Bescheid wissen!

- Einfache Erklärungen und zahl-
  reiche Beispiele mit Übersetzung
  beantworten Ihre Fragen sofort.

- Mit dem ausführlichen Stichwort-
  register im Anhang gelangen Sie
  schnell zum gewünschten Thema.

- Trainieren Sie Ihre Grammatik-
  kenntnisse mit den Online-
  Übungen und festigen Sie Ihren
  Lernerfolg.

Für Anfänger und Fortgeschrittene
(A1 – B2) geeignet.

ISBN: 978-3-12-562665-2
[D] 9,99 € **[A]** 10,30 €